KB201653

대외원조, 그 빛과 그늘

한강의 기적이 말하는 ODA의 성공 조건

대외원조, 그 빛과 그늘

초판 1쇄 인쇄일 2025년 05월 09일
초판 1쇄 발행일 2025년 05월 19일

지 은 이 정진규
펴 낸 이 양옥매
디 자 인 표지혜
교   정 이원희
마 케 팅 송용호

펴낸곳 도서출판 책과나무
출판등록 제2012-000376
주소 서울특별시 마포구 방울내로 79 이노빌딩 302호
대표전화 02.372.1537 **팩스** 02.372.1538
이메일 booknamu2007@naver.com
홈페이지 www.booknamu.com
ISBN 979-11-6752-611-3 (03300)

* 저작권법에 의해 보호를 받는 저작물이므로 저자와 출판사의 동의 없이
  내용의 일부를 인용하거나 발췌하는 것을 금합니다.
* 파손된 책은 구입처에서 교환해 드립니다.

대외원조, 그 빛과 그늘

한강의 기적이 말하는 ODA의 성공 조건

정진규 지음

책과나무

추천의 글

정진규 대사의 이번 책은 개발원조를 개발도상국의 국가발전전략에 있어 중요한 기회요인으로 다루고 있다. 어떤 국가는 수십 년 동안 외국의 원조를 받으면서도 경제 상황이나 치안 상황이 날로 악화되고 있다. 반면에 어떤 국가는 원조를 통해 인프라를 건설하고 기술인력을 육성해서 국가발전의 원동력을 마련한다. 이 책은 대외원조에 대한 국가마다의 다른 접근방법과 태도를 통찰력 있게 찾아내어 국제기구와 개발도상국 근무를 통해 습득한 외교관의 시각으로 분석한다.

저자는 외교부 개발정책과장과 개발협력국장을 역임하면서 우리나라의 대외원조정책 수립에 깊이 관여했으며, OECD DAC(개발원조위원회) 대표, 에볼라 의료단 선발대장 등 현장의 임무를 맡아 글로벌 개발협력의 최일선에서 얻은 다양하고 독특한 경험들을 개발정책이라는 맥락에서 소개하고 있어 우리나라 대외원조 역사 조명 차원에서 큰 의의가 있다. 저자가 책의 말미에 기술한 "대외원조는 인류의 핵심 자산이고 선진 공여국 대한민국이 이끌어 갈 가치 있는 정책분야"라는 말에 깊이 공감하면서 ODA(공적개발원조)에 관심을 가진 젊은 청년들과 연구자들에게 이 책을 추천해 드린다.

— 박인국(숙명학원 이사장, 前 최종현학술원 원장, 前 駐유엔대사)

이 책은 대한민국 외교관의 특별한 기록이다. 외교와 통상 전략에 관한 저술은 넘쳐나지만, 해외원조 정책의 현장 이야기는 처음인 것 같다. 현장과 정책의 딜레마를 솔직하고 담백하게 소개하고 그 방향과 대안을 고민한 역작이다. 해외원조 활동가들의 현장 체험이나 해외원조 전문가들의 연구논문에서 볼 수 없는 탁월한 통찰도 담고 있다. 그래서 해외원조에 참여하는 민관 공동체에서 결코 놓칠 수 없는 필독서가 아닌가 싶다.

저자는 세계를 누비며 녹록지 않은 대외원조 현장을 직접 목격했다. 주OECD대표부 참사관으로서 겪었던 공여국들의 생각과 고민도 읽을 수 있었고, 주케냐대사관에서는 아프리카 수원국들의 절절한 현실과 한계도 생생하게 들을 수 있었다. 에볼라 선발대의 대장으로 시에라리온에서 목격했던 처참한 현장 이야기나 주파나마 대사로서 북미와 남미의 복잡한 속내들은 가슴 속에 강한 인상으로 각인된다. 특히 해외원조를 총괄하는 외교부 개발협력국장으로서 정책 경험은 원조 정책의 방향과 대안 논의에서 소중한 참고 자료가 아닐 수 없다.

무엇보다도 이 책에서 가장 인상적인 것은 "한국은 무엇이 달랐나?" 라는 자문이었다. 여러 가지 논제를 담담하게 논의하다가 던져진 이 질문은 해답을 찾기 위한 혜안이었다. 세계가 인정하고 있듯이, 수원국도 공여국도 해외원조 문제에서 필연적으로 도달하게 되는 해결 지점은 한국의 발전 경험이었다. 원조를 어떻게 활용했는지, 어떻게 집행했는지, 어떤 효과가 있었는지, 어떻게 발전을 가져왔는지 등등 수많은 질문의 중심에는 늘 대한민국이 있었다.

책 속 곳곳에 녹아내린 저자의 고언과 기대는 국내외 해외원조 미래를 위한 밑거름이 될 것이다. 해외원조를 연구하고 활동했던 한 사람으로서 깊이 감사한다. 어려운 여건에서도 집필을 완성해 낸 저자의 노고에 존경을 표한다.

- 이창길 (세종대 교수, 前 한국조직학회 회장)

저자와의 인연은 20여 년 전으로 거슬러 올라가 지금까지 줄곧 이어졌다. 특히 그가 외교부 개발협력과장을 역임하고 나중에 개발협력국장을 역임할 때까지 그와 자주 만나 이야기를 나누어 왔다. 그는 특별히 ODA에 관심을 크게 가지고 있었으며, ODA 정책에 대하여 고민을 많이 하고 있었던 것으로 기억한다. 아마도 우리 무상원조가 이만큼 발전함은 그의 헌신적인 공로가 있었기 때문일 것이다.

그가 이번에 자신의 오랜 외교관 생활을 통하여 개발원조에 대한 자신의 철학과 경험을 담은 책을 출간하게 되었다. 그가 수십 년 동안 개발협력 정책 입안자로서 그리고 외교관으로서 현장에서 느낀 경험과 생각은 많은 이들에게 지식과 통찰력을 더하는 데 도움이 될 것이다. 그는 외교관으로서의 헌신에 그치지 않고 그에 관한 기록을 통하여 우리 개발원조의 발전에 기여한 데 대해 개발원조에 발을 담고 있는 한 사람으로서 축하하고 고맙게 생각한다.

- 전승훈 [(사)국제개발컨설팅협회(CAIND) 회장, (사)한국개발전략연구소(KDS) 이사장]

이번에 출판된 저서에 추천사를 쓰게 되어 매우 기쁘게 생각합니다. 정진규 대사가 외교부에서 ODA 담당 국장을 맡고 있을 때 저는 코이카 전략기획이사로서 함께 우리나라의 ODA의 발전을 위해 서로 격려하기도 하고, 또 어떤 이슈에서는 서로 치열하게 논쟁하기도 하면서 함께 고민하였습니다. 제가 생각하기에, 저자의 가장 큰 공로는 주OECD대표부 근무 당시 우리 ODA의 숙원 사업이었던 OECD DAC 가입을 현장에서 준비하고 우리 입장을 잘 설명하여 우리나라의 DAC 가입이 성사되는 데 기여한 것입니다. 그때의 DAC 가입을 통해 우리나라 ODA는 몇 단계 업그레이드되었다고 보며, 그 결과 지금의 성숙한 ODA로 발전하게 된 것이라 확신하고 있습니다.

정진규 대사는 정통 관료이지만 동시에 ODA에 대한 뜨거운 열정을 가진 사람입니다. 이번에 펴낸 저서에서는 저자가 그동안 우리나라 ODA 정책과정에 깊이 관여한 경험과 함께 개발도상국에 근무하면서 현장에서 느끼는 문제점도 동시에 잘 보여주고 있습니다. 또한 한국의 ODA 수원 경험이 왜 중요한지 그리고 그러한 경험이 글로벌 ODA에 주는 함의가 무엇인지에 관해서도 탁월한 통찰로 자세히 설명하고 있습니다. 저는 ODA를 전공한 분들과 전공하지 않으신 분들 모두 이 책을 일독하시기를 권합니다.

— 장현식(패밀리코이카 행복나눔 이사장, 前 코이카 전략기획이사)

이 책은 개발도상국의 국가발전의 동력을 '기술인력'과 '혁신'에서 찾고 있다는 점에서 매우 적절하다. 70년 전 세계 최빈국 중 하나였던 우리나라가 지금은 세계 최첨단 기술분야에서 치열한 경쟁을 벌이는 몇 안 되는 기술 강국 중 하나가 되어 있다. 국가의 발전전략을 경제개발 5개년계획을 통해 구체화해 나가면서 한국이 가장 중점을 두었던 정책분야가 바로 우수한 과학기술 인재의 양성이었다. 이를 위해 서울대 공과대학을 비롯한 이공계 대학을 육성하고 적극 지원하였다. 이와 함께 각 분야의 기능인력을 양성하기 위해 실업계 고등학교를 활성화해 나갔다. 과학기술분야 인재와 산업분야 기술인력이 있어야 수출시장도 확보할 수 있고, 산업경쟁력도 높일 수 있으며, 혁신을 성공시킬 수도 있는 것이다.

이 책은 대외원조를 선진국으로부터 자본과 기술을 빌려오는 파이프라인에 비유한다. 개발도상국이 선진기술의 습득하고 기술 진보를 이루어 내기 위한 '기회의 창'을 대외원조에서 찾는 이 책의 시각은 매우 흥미롭다. 선진기술을 배우고 연마한 인재들은 이어 혁신을 이루어 내기 위해 혼신의 노력을 기울인다. 혁신은 개발도상국을 '중진국의 함정'에서 꺼내 올리고 기술 선진국에 새로운 세상을 열어가는 특권을 부여하기도 한다. 이 책은 그런 과학기술의 역할을 정부의 발전전략과 산업정책의 맥락에서 찾아낸다. 이 책을 읽으면서 선진 공여국이 된 대한민국이 만들어 갈 '발전 동맹'은 우리나라의 개발협력 파트너국가들과의 산업협력과 기술협력의 다른 이름이라는 생각을 갖게 된다.

— 곽승엽 (서울대 재료공학부 교수, 서울대 산학협력 공학인재 지원센터장)

머리말

나는 운 좋게도 우리나라의 대외원조가 본격적으로 추진되던 시기에 대외원조 정책분야에서 일할 수 있었다.

"원조를 받던 나라에서 주는 나라로"

"대한민국, 선진 공여국 진입"

이런 제목 하에 신문 기사가 보도되면서 우리 정부 안에서의 대외원조 정책[1]에 대한 위상도 급격히 높아지고 이에 대한 일반 국민들의 관심도 증가하였다. 이러한 관심에 힘입어 우리나라의 대외원조[2] 규모는 2023년 31억 3천만 달러, 한화 약 4조 4천억 원에 달하는 수준으로 성장했다. 이른바 '선진국 클럽'이라고 불리는 OECD DAC(Development Assistance Committee)[3] 30개 회원국 중 14위를 기록하면서 명실공히 글로벌 핵심 공여국의 반열에 진입했다고 평가할 수 있을 것이다.

그러나 대외원조의 양적 발전에 부응하는 일반인들의 이해 정도나 개발협력 정책과 외교정책 간 연계성이라는 측면에 있어서는 아직 갈 길이 멀어 보인다. 대외원조에 대한 일반인들의 인식은 개인에 따라 차이가 있겠으나 많은 경우, "우리 국민을 위해 쓸 돈도 부족한데 왜 국민 세금을 그렇게나 많이 외국을 위해 쓰는 거지?"라든가 "대외원조는 가난한 개도국을 돕는 자선사업이어서 해도 그만 안 해도 그만인

대외원조, 그 빛과 그늘

것"이라든가 "우리가 어려울 때 원조를 받았으니, 이제 우리가 도울 차
례"라는 식의 반응이 많이 나온다. 물론 이러한 반응들도 대외원조의
한 측면을 표현한 것일 수 있겠으나, 대외원조를 통한 외교 전략의 수
립과 이행이라든가 개발도상국의 국가발전전략 핵심 요소로서 개발지
원과 같은 중요한 측면이 간과된 것으로 보인다. 개발도상국의 시각에
서 보면 공여국으로부터 원조를 받는다는 사실보다 그 원조를 어떻게
국내 정책으로 변환하여 발전을 촉진할 것인가가 훨씬 더 중요하기 때
문이다.

  이러한 관점에서 개발도상국의 발전전략을 수립하고 이행함에 있
어서 대외원조가 담당하는 역할을 짚어 보고, 수원국과 공여국이 대외
원조를 통해 어떤 개발협력 관계를 맺고 있는지, 또 대외원조가 개발
도상국에서 어떻게 국내 정책으로 변환되고 연계되는지를 살펴보려고
한다. 특히 원조 정책이 외교전략, 국가발전전략과 어떻게 연결되어
있으며, 어떤 작동 메커니즘을 통해 움직이는지, 이를 실질적 발전으
로 연결하기 위해 수원국과 공여국 정부가 중점을 두어야 하는 정책우
선순위는 어떻게 짜여야 하는지에 대해서도 그간의 경험과 관찰을 통
해 알아보려고 한다.

  이 책은 대외원조에 관한 학술서적은 아니다. 오히려 수년간 대외
원조 정책을 경험하면서 갖게 된 개인적 생각을 정리한 학술적 내용이
포함된 에세이에 가깝다. 나는 대외원조를 학문적 관점에서 연구해 온
학자가 아니라 원조 정책 수립이라는 관점에서 관계자들과 의견을 교
환하고, 대외원조를 통해 발전하는 나라, 발전하지 못하는 나라를 비

교하면서 그 원인과 정책적 대응을 고민해 온 실무자에 가깝다. 이 책은 이러한 경험과 관찰의 내용을 나름의 시각으로 정리해 본 것이다.

같은 규모의 원조를 받아도 어떤 원조는 발전을 견인하고 어떤 원조는 의존성을 심화시킨다. 원조를 받은 어떤 국가는 선진국의 대열에 진입하고 어떤 국가는 끝을 모르는 저개발의 수렁에 빠져든다. 이 원인에 대한 분석에는 사람마다 다른 의견이 있을 것이다. 나는 가장 중요한 이유를 두 가지로 든다. '주인의식'과 '발전동맹'이다. '주인의식'은 개발도상국이 원조에서부터 빠져나오는 길이며, '발전동맹'은 개발도상국이 다음 단계로 나아가는 원동력이다. 이것은 주어진 것이 아니라 만들어 가는 것이며, 발전정책을 수립할 때 중요하게 고려해야 할 사안들이다.

글을 쓰면서 능력 부족을 절실히 깨닫기도 하였고, 쓰고 싶은 내용이 있지만 표현력과 상상력이 모자라 당초 의도와 다른 내용을 쓰고 나서 여러 번 고치기도 하였다. 엄격하게 검증된 사실들을 찾아내고 이를 분석해 내는 작업을 하기에는 자료가 부족하고 시간의 제약도 있어서 출판을 망설이기도 하였지만, 우리나라 대외원조 정책의 태동기에 업무를 했던 경험을 정리하면서 이에 대한 생각과 관찰 내용을 적어 보는 것도 나름의 의미가 있을 것 같아 책을 출간하기로 마음을 먹었다.

매년 수십억 달러의 엄청난 정부 예산이 쓰이고, 수많은 재능 있는 젊은이들이 일생의 업으로 헌신하는 대외원조가 우리나라의 '국익'과 개발도상국인 수원국의 국가발전, 그리고 전 지구적 차원에서의 '보편적 편익', '공공의 선(Public Goods)'에 더욱 크게 기여하기를 바라면서 대외원조 정책에 대한 나의 조그마한 생각을 보태고자 한다.

2025. 5. 19.

정진규

목차

01

대외원조를 받던 한국은
무엇이 달랐나?

Official Development Assistance

ODA

국가발전은 스스로 하는 것이다

        6.25 전쟁 직후 폐허가 된 한국이 2010년대에 이르러 선진국의 반열에 오르게 된 것은 실로 세계사적 사건이다. 해방 이래 70년 남짓 되는 짧은 시간에 이토록 눈부신 번영을 이룩한 국가는 한국을 제외하고는 유례가 없을 것이다. 그렇다면 여기서 한국이 제시하는 비법과 개발경험(Development Experience)은 무엇일까? 많은 개발도상국들은 한국의 대외원조 활용 경험을 통해 발전의 비법을 찾아 내려고 많은 노력을 하고 있다.

    한국의 발전 배경에는 경제개발5개년계획, 새마을운동, 4H운동[4], 높은 교육열, 중동 건설 열기, 수출드라이브 경제정책 운용 등을 비롯한 많은 중요한 정책이나 사회운동들이 있었지만, 이러한 것들을 한 마디로 정리하면 '발전은 스스로 이루어야 한다(Development must be self-driven)'는 말이 될 것이다. 대다수의 개발원조 이론들이 하나같이 강조하고 있듯이 발전이나 개발로 번역되는 'Development'는 반드시 그 발전의 주체인 개발도상국 정부 또는 국민이 '주인'이 되어 운전석에 앉아야 비로소 성취될 수 있는 것이다. 이를 '주인의식', 즉, 'Ownership'이라고 말하고 많은 개발원조 연구자들은 이것을 가장 중요한 발전의 요인으로 보고 있다.

그러면 한국의 발전과정에서 외국으로부터 받은 원조는 어떤 역할을 하였다고 말해야 하는가? 한국이 1950년대부터 1990년대까지 미국, 일본, 독일 등 외국으로부터 받은 원조는 한국의 발전에 어떤 역할을 하였을까? 당시 개발도상국이면서 수원국이었던 한국은 어떻게 그리 큰 규모의 대외원조를 공여국들로부터 받았음에도 불구하고 국가발전 과정에서 '주인의 자리', 다시 말해 운전석에 앉아 자신이 가고자하는 발전의 길을 갈 수 있었을까? 이런 문제에 대해 생각하다 보면 지금은 한국이 이미 발전을 이루어 선진국의 반열에 올랐기 때문에 지금 누리고 있는 발전의 결과물들이 공여국들로부터 받은 대외원조의 당연한 귀결인 것처럼 보이지만, 공여국들이 제공하는 대외원조의 본질을 생각해 보면 대외원조는 수원국이 발전을 이루는 데 항상 긍정적 역할만 하는 것이 아니라는 것을 알 수 있다.

대외원조는 개발도상국의 경제개발과 복지를 지원하기 위해 공여국이나 국제기구가 제공하는 자금이나 기술 전수, 물자 등의 형태로 이루어지지만, 대외원조가 수원국의 발전으로 직결되는 데는 몇 가지 중요한 한계가 존재한다.

대외원조의 첫 번째 한계는 대외원조가 자국민이나 기업들로부터 나온 것이 아니라 외국 정부나 국제기구들로부터 제공받은 것이기 때문에 외부기관에 대한 심각한 '의존성(Dependency) 문제'를 야기할 수 있다는 점이다. 특히 명확한 발전목표와 발전전략이 부재한 상태에서 외부로부터 오는 원조에 계속해서 의존하게 되면 그 수원국은 자생적인 경제발전을 이루기가 점점 더 어렵게 될 것이다. 특히, 광범위한 정책분야에 정부 예산과 큰 규모의 대외원조가 뒤섞여 투입되어 예산과 대외원조가 각각의 정책성과(Policy Impact)를 명확하게 구분하기 어렵게 될 경우, 시간이 갈수록 예산과 원조의 결합이 구조화되고 혼재되어 정부 재정의 대외원조에 대한 의존성은 더욱 커지게 될 가능성이 높아지게 된다.

대외원조의 두 번째 한계는 '효과성(Effectiveness) 부족'이다. 원조효과성에 관한 문제도 많은 경우, '주인의식'과 직결되어 있다. 정부나 국민의 주인의식이 부족한 경우, 원조가 실제로 필요한 사람들에게 도달하지 않거나 부패로 인해 목적에 맞게 사용되지 않거나 당초 예정된 사업에 배정되지 않는 경우가 빈발한다. '주인의식'은 한마디로 '발전을 향한 열망'이다. 이러한 발전에 대한 열망을 정부나 국민이 일반적으로 공유한다면 '주인의식(Ownership)'이라는 강력한 무기가 이미 손에 들려있는 것이다. 전체 국민이 지금 당장이라도 밤을 새워 일할 준비가 되어 있는데 '발전'을 이루지 못할 이유는 없다. 이때 공여국의 원조는 그 원조의 액면상 규모보다 훨씬 큰 개발성과를 가져오는 경우가 많다. 1960년대 말 건립된 포항제철은 약 20억 달러에 달하는 외국의 원조와 차관이 투입되었지만, 완공 후 세계 최고의 제철소 중 하나로 발전하면서 외국의 원조 금액에 수백 배가 넘는 개발성과를 거둔 것이 그 예이다. 한편, 큰 규모의 대외원조를 지속적으로 받을 때, 수원국은 해당 공여국의 정치적 영향력 확대를 우려하게 된다. 공여국의 상대적 국력이 수원국에 비해 압도적일 때 그 우려는 더욱 커지기 쉽다. 원조 제공국이 자신의 정치적, 경제적 이익을 추구하기 위해 막대한 원조를 활용하여 수원국을 지원하려 할 때, 수원국의 주권 및 정책 자율성이 침해될 가능성은 커지게 되는 것이다. 이러한 상황에서 수원국이 온전하게 발전을 이루고 정책의 자율성을 유지하려면 가장 필요한 것은 국가의 발전에 대한 '주인의식'이다.

대외원조의 세 번째 한계는 원조의 '적절성(Relevance) 문제'이다. 원조의 규모가 아무리 크더라도 제공되는 원조가 수원국의 실제 필요와 맞지 않는 경우, 원조성과라는 측면에서 보면 비효율적인 결과를 초래할 수 있다. 만약 가장 필요한 원조가 교통 인프라건설인 개발도상국이 있다고 해보자. 그런데 공여국의 우선순위가 모자보건에 있다는 이유로 보건위생 분야 시설을 집중적으로 설치해 준다면 해당 국가는 감사를 표시하기는 하겠지만 원조의 적절성은 많이 하락하게 된다. 나아가 정책우선순위의 왜곡도 생겨날 수 있다. 여기서 문제는 많은 원조공여국들이 수원국의 정책우선순위에 대해 상대적으로 무관심하고 자국의 정책우선순위에는 매우 민감하다는 점이다. 즉, 공여국의 주된 관심은 자국의 대외원조 제공 능력, 원조 제공 희망 분야 등이며 자국 정부나 기업이 해당 수원국이나 여타 공여국에 대해 비교우위가 있다면 수원국의 수요에 대한 검토는 뒤로 미루고 그 분야에 집중적으로 원조를 제공하려고 하는 경우가 많을 것이다. 이러한 수원국과 공여국의 상이한 시각 때문에 수원국의 실제 필요와는 다른 분야에 원조가 제공됨으로써 발전을 위한 재원배분이 왜곡되고, 적절한 발전전략 수립과 집행이 방해받기도 한다.

이러한 대외원조의 내생적 한계에도 불구하고 한국은 수십 년에 걸쳐 막대한 규모의 대외원조를 외국으로부터 받았으나 다른 개발도상국들과는 달리 원조에 대한 의존성이 심화되는 악순환에서 벗어나 성공적인 발전을 이루어 냈다. 나는 OECD 대표부와 아프리카, 중유럽, 중미 지역에서 근무하면서 대외원조가 가진 치명적 한계인 의존성 심화, 효과성 부족, 적절성 문제를 극복하는 것이 얼마나 어려운지를 실감하였다. 개발도상국인 수원국의 발전은 많은 개발학자들이나 국제기구가 강조하듯이 '원조효과성(Aid Effectiveness)'을 확보하기 위한 다양한 방법론을 잘 준수한다고 해서 이루어지는 것은 아니라는 생각도 하게 되었다. 원조효과성이 아무리 중요하다 해도 발전에 이르는 만병통치약은 아닐 것이다. 그렇다면 원조효과성 확보 이외에 무엇이 필요한 것일까? 왜 국제사회는 대외원조 또는 개발협력의 담론을 원조효과성에 초점을 맞춘 것에서 더 나가지 않는 것일까? 경제개발기구(OECD)나 세계은행(World Bank)의 권고에 따라 원조효과성 증진에 전념한 개발도상국들은 과연 계획했던 발전을 이루었을까? 나는 이 문제에 대해 고민하면서 한국의 개발연대인 1960~1990년의 경험에서 답을 찾을 수밖에 없다는 결론에 이르렀다. 또한 이제 OECD 개발원조위원회(DAC)의 주요 회원국이며 선진국으로 성장한 공여국 한국이 개발도상국들에게 한국과 같은 발전을 이룰 수 있도록 대외원조 제공 모델을 제시해야 할 때가 되었다고 생각하게 되었다.

대외원조, 그 빛과 그늘

한국, 개발도상국 국가발전전략의 교과서

한국의 놀라운 경제발전은 개발도상국의 국가발전 전략과 그 이행 사례에 있어 교과서라고 해도 과언이 아니다. 1960년 대 초부터 1990년대 말에 이르는 기간 동안 한국은 저개발국가에서 강력한 산업국가로 질적 전환을 이루기 위해 체계적인 국가발전전략을 세우고 실행했다. 그 과정을 잘 살펴보면 결국 의존성 심화, 효과성 부족, 적절성 문제라는 대외원조의 내재적 한계를 해결하기 위한 몇 가지 핵심 전략과 정책의 시행 과정이었음을 알 수 있다.

한국의 발전전략에 있어서 가장 특징적인 것은 국가발전계획 수립 과정에서 경제 분야에 집중하는 전략을 세웠다는 것이다. 그 구체적 결과물이 경제개발5개년계획이다. 경제개발5개년계획은 박정희 대통령의 주도 하에 당시 한국 정부의 최우선정책으로 수립 · 집행되었고, 이를 총괄하는 임무는 경제기획원(EPB: Economic Planning Board) 에 맡겨졌다. 우수한 엘리트 관료들로 구성된 경제기획원은 대통령의 전폭적인 지원을 받으며 국가발전전략의 핵심인 경제발전계획을 수립하게 된다. 기획기능과 예산기능, 그리고 차관을 포함한 대외원조 도입 기능을 망라한 경제기획원[5]은 발전전략수립, 재원확보와 배분, 외국기술도입 등 개발도상국의 경제발전에 가장 중요한 세 가지 요소를 효과적으로 활용하는 등 컨트롤타워의 역할을 수행하여, 1960년대 초 최빈개도국 중 하나였던 한국을 고도성장이라는 고속도로에 올려놓는 놀라운 발전의 역사를 만든 주역이 된다. 고도성장의 과정에서 정치적 협상이나 사회안전망 구축 등 경제 이외의 정책분야들은 상대적으로 소홀하게 다루어졌으나, '뼈저린 가난'을 벗어나 '잘살아보자'라는 모토가 당시 많은 국민들로부터 깊은 공감을 얻었다.

한국의 발전전략에 있어 두 번째로 중요한 특징은 제조업 중심의 산업화에 주력했다는 점이다. 한국은 다른 개발도상국들과는 달리 수입대체 산업화를 추구하기보다는 수출 주도형 산업화를 추진했다. 경제개발계획 초기 단계인 1960년대 초 경공업 육성을 통해 산업화의 기초를 다지면서, 지속적으로 강력한 정부주도형 수출드라이브 정책을 추진하였으며, 이 과정에서 미국의 원조와 정책 자문은 매우 중요한 역할을 하였다. 제2차 경제개발5개년계획이 추진되던 1960년대 후반에 경부고속도로라는 역사적인 인프라 건설이 완료되었고, 포항제철을 성공적으로 건설하면서 제조업 기반의 산업국가의 기틀을 다졌다. 제3차 경제개발5개년계획이 시행되던 1970년대 초중반의 시기부터 한국 정부는 본격적인 중화학공업 육성을 통해 산업경쟁력을 확보하면서 세계적인 제조업 국가로서의 기틀을 다지게 된다. 이때 원조를 제공하던 공여국들의 이견에도 불구하고, 원조 협상을 통해 중화학공업 육성과정에 필요한 차관을 도입하고 선진국 기술을 이전받을 수 있는 기반을 구축한 것은 한국의 국가발전에 있어서 중요한 성공 요인으로 평가된다. 결국은 한국은 제1차 경제개발5개년계획이 시작되던 1962년부터 제3차 경제개발계획이 완료되는 1976년까지의 기간 동안 가장 가난한 개발도상국 중 하나에서 가장 성공적으로 산업화를 이룩한 중견 산업국가로 변모하게 된다. 또한 이 시기에 외국으로부터의 대외원조와 기술 전수, 정책자문 등 협력이 집중되면서 한국 경제는 매년 10% 내외의 고속 성장을 기록한다.

　세 번째로 중요한 것은 정부 주도의 개발전략이 재벌기업들을 통해 해외시장과 국내시장에서 매우 효율적으로 전개되었다는 점이다. 민간부문이 절대적으로 취약했던 1960년대 최빈개도국 중 하나인 한국의 상황에서 정부의 적극적인 개입 없이 단기간에 체계적인 성장을 이루기는 사실상 불가능했었다고 보여진다. 역사적으로 2차대전 이후 단기간에 민간부문의 발전을 통해 경제발전을 이룬 사례가 전무하다는 점으로 추론해 볼 때 한국은 당시 상황에서 매우 합리적인 결정을 한 것으로 평가할 수 있다. 민간부문이 대단히 취약한 상황에서 강력한 정책결정 기능과 집행기능을 모두 장악했던 정부는 포항제철의 사례와 같이 정부가 직접 기업을 건립하여 발전의 동력을 마련하기도 하였지만 많은 경우, 삼성, 현대, LG, 대우 등 민간분야에서 두각을 나타내는 기업들을 선택하여 강력한 정책적 지원을 제공함으로써 여타 개발도상국의 경우와는 다르게 국제경쟁력을 보유한 기업으로 성장시켰다는 점이다. 이러한 기업들의 성장은 1970년대부터 본격 추진된 수출드라이브 정책을 가능하게 한 기반이 된다. 이들 주요 재벌기업 중 여러 개의 기업은 훗날 포천 500대 기업 리스트에 포함되는 세계적 기업들로 성장하면서 한국이 '중진국의 함정'을 벗어나는 데 크게 기여한다.

네 번째로 중요한 점은 산업화를 가능하게 한 충분한 인력공급이 이루어질 수 있는 여건이 조성되어 있었다는 점이다. 인구구조가 유리한 개발도상국의 경우,[6] 상대적으로 젊은 연령대가 많아 인력공급이 원활하며 임금이 낮게 유지된다. 여기에 높은 교육열이 더해진다면 기업이나 정부는 교육받은 양질의 인력을 손쉽게 고용할 수 있게 되어 생산원가 측면이나 혁신성 측면에서 국제경쟁력을 확보하기가 용이하게 된다. 한국은 개발연대 동안 교육받은 다수의 청년인구가 지속적으로 고용시장에 유입되는 특별한 인구보너스 상황을 전략적으로 사용할 수 있었다. 특히 한국에서 경제발전이 본격화되던 1960~1980년대는 많은 노동력이 요구되는 경공업과 인프라건설, 그리고 중화학공업의 기반구축이 이루어지던 시기로 당시 한국 인구의 평균연령이 20대[7]였다는 점, 그리고 높은 출산율로 인해 인구구조가 안정적이었다는 점은 정부가 각종 경제개발계획을 과감하게 추진할 수 있는 견고한 기반이 되었다.

다섯 번째로 중요한 점은 대외원조의 전략적 활용과 이를 통한 핵심 역량 구축 및 발전을 위한 기관형성에 성공했다는 점이다. 한국 정부는 1966년 미국의 원조를 받아 한국과학기술연구원(KIST)[8]을 설립하였고, 이후 KIST는 중화학공업육성의 기술적 기반을 제공하는 핵심적 연구기관이 된다. 비슷한 시기에 한국은 일본 정부의 공여, 차관, 대일 청구권 자금 그리고 일본제철의 기술협조를 받아 포항제철을 건립하였다. 포항제철의 완공으로 경제개발5개년계획에 따른 중화학공업육성은 성공 가도를 달릴 수 있게 되었다. 그리고 1968년 경인고속도로도 국제기구의 차관을 받아 건설한 인프라 프로젝트 중의 하나로 대도시 인구증가와 산업발전에 대응할 수 있는 교통체제를 수립하는 데 큰 기여를 하게 된다.

한국의 발전정책이 시사하는 것은 여러 가지가 있겠으나 개발도상국들이 특히 주목해야 할 부분은 발전전략의 수립과 이행, 발전파트너의 선택 등 일련의 장기적 발전프로그램을 한국 정부가 주도했다는 점이다. 물론 여기에는 국민들의 적극적 참여와 헌신이 기반이 되었음은 말할 필요도 없다. 앞서 언급했지만 '주인의식(Ownership)'이 한국 국가발전전략의 핵심적 요체라는 것은 의심의 여지가 없어 보인다. 개발도상국 정부와 국민이 주도하는 개발정책 추진은 대외원조, 특히 차관 도입과 기술도입의 개발성과(Impact on Development)를 극대화해 원조효과를 높이는 데 결정적 역할을 하게 된다. 이러한 측면에서 개발도상국들이 목표지향적인 국가발전전략을 수립하는 것은 물론 매우 중요하지만 이렇게 수립한 발전정책의 일관성을 장기적으로 확보하고 이를 실행하기 위해 개발 재원과 고급 기술을 확보하는 것 역시 중요하다. 또한 한국이 국가발전전략을 현실화해 나가기 위한 중심조직인 경제기획원(EPB), 과학기술원(KIST), 한국발전연구원(KDI), 한국전자통신연구원(ETRI), 정보통신부와 같은 기관들을 설립함으로써 해당 분야의 발전정책 수립과 추진을 전담케 한 것도 매우 효과적인 전략이 며, 개발도상국의 발전을 위한 기관형성(Institution Building)의 대표적 성공 사례라 할 수 있다.

이때 민주적 선거제도를 통해 정부가 교체되는 국가에서 실질적인 발전을 이루기 위해서는, 집권세력의 변화에도 불구하고 국가발전전 략의 일관성, 적어도 일관성의 근간은 유지해야 하는 중대한 도전 과 제를 안고 있다는 점도 개발도상국의 발전에 있어 유념해야 할 요소이 다. 이 문제에 대해서는 다시 논의할 기회가 있겠지만, 여기서 말하는 발전정책의 일관성 확보는 오랜 기간 같은 정부, 같은 정당이 집권해 야만 한다는 말이 아니다. 민주주의가 훼손되면 국민들이 만족하는 제 대로 된 발전을 이룰 수 없기에 민주적 제도의 확립이 중요하다는 점 은 국가발전에 있어서도 필수적인 전제 조건이다. 개발도상국이 추진 하는 발전정책에 있어서의 일관성 확보는 정책을 추구하는 기간 동안 집권하는 정부의 정책우선순위 선정에 가장 큰 영향을 끼치는 것이 국 민들의 발전에 대한 열망이 되어야 한다는 말이고, 국민들이 잘살아보 겠다는 의지를 교체되는 정부들이 지속적인 발전정책으로 연결해 내 야 한다는 의미다. 이런 점들을 고려하면, 개발도상국이 장기적 발전 을 이루어 선진국으로 전환하는 것은 국민들의 발전에 대한 집착에 가 까운 열망, 일관성 있는 국가발전전략, 정부의 강한 의지와 추진력, 합 리적이며 적응적인 인구 전략, 목표를 공유하는 원조 공여국, 산업발 전의 기반이 되는 인프라, 선진국으로부터 습득한 고급 기술, 우수한 관료제, 높은 교육열 등이 종합적으로 구비되어 있고, 국제정세 여건도 우호적으로 조성되어야 가능한 일로 결코 쉽게 달성될 수 있는 일[9]은 아니다.

또한, 한국의 발전은 대외원조의 영향력을 줄이고 자국 정부의 정책 주도력을 증가시키는 방향으로 진행되었기 때문에 자연스럽게 원조 의존성 심화 문제를 해소할 수 있었다. 대외원조를 재원으로 사용한 프로젝트들, 즉, 인프라 구축, 산업화 추진, 기관형성 등의 추진에 있어서도 당초 목표했던 결과를 도출함으로써 원조의 효과성 저하 문제를 극복할 수 있었다. 목표의 달성이 사실상 원조효과성의 핵심 요체이기 때문이다. 그리고 더욱 중요한 것은 한국은 공여국의 원조 제공 정책, 즉 공여 정책에 끌려다니면서 우선순위가 상대적으로 낮은 사업들을 시행한 것이 아니라, 명확하게 수립된 자국의 국가발전전략에 따라 자국에 필요한 우선순위 사업들을 대외원조를 활용하여 추진함으로써 원조의 적절성을 확보할 수 있었다는 점이다.

결국 한국의 발전이 성공한 것은 큰 규모의 대외원조를 받았다거나, 원조효과성 원칙을 잘 준수했다거나, 개발파트너십을 잘 구성하였다거나, 부패를 척결하였다거나 하는 당시의 상황적 요인과 대외원조 관리 방식에서도 원인을 찾을 수 있겠지만, 보다 근본적인 이유는 중장기적 관점에서 목표 지향적이면서도 실행을 전제로 한 국가발전전략이 수립되어 있었다는 것에서 찾을 수 있다. 경제개발5개년계획이 바로 당시 한국이 가지고 있던 국가발전전략의 실행프로그램이며, 한국 정부는 이 국가발전전략을 현장에서 구현하기 위해 공여국과 주도면밀하게 협상하고, 자국의 발전을 위해 달리는 자동차의 운전석에서 정책을 주도하였다.

　나는 제7차 경제사회개발5개년계획이 시작되던 해인 1992년 사무관으로 임용되어 짧게나마 정부 주도의 국가발전전략이 수립·집행되는 현장을 가까이서 볼 기회를 가질 수 있었다. 1992년부터 1996년까지 시행된 7차 5개년계획이 공교롭게 마지막 5개년계획이었다. 정부 주도의 발전계획이 종료되고 민간 주도의 경제운영체제로 이양된다는 의미가 담겨 있다고 해석할 수 있다. 한국의 발전전략의 컨트롤타워 역할을 수행한 경제기획원도 1994년 문을 닫고 재정경제원으로 그 기능이 이관되었다. 그러나 제7차 계획이 종료되기가 무섭게 1997년부터 불어닥친 IMF 구제금융의 광풍은 선진국으로 향하는 마지막 관문을 넘어보려던 한국을 다시금 저소득국 나락으로 떨어뜨리는 것처럼 보였다. 많은 기업들이 도산했고 심지어 재벌기업조차 큰 타격을 받았다. 실업이 급증하고 한국 경제는 절체절명의 위기에 빠져 들었다. 하지만 한국이 40년간 공들여 쌓아 올린 '한강의 기적'은 그리 쉽게 붕괴되지는 않았다. 엄청난 고통이 수반되긴 했지만 IMF 금융위기를 극복하면서 오히려 한국 경제는 더욱 강해져 갔으며, 더욱 강한 복원력(Resilience)을 갖게 되었다. 이후 한국은 2010년 OECD의 공여국 그룹인 개발원조위원회(DAC)에 가입하였고, 2021년 유엔무역개발회의(UNCTAD)에서 마침내 선진국으로 분류(그룹 B)[10]되었다. 많은 선발 개발도상국들이 넘지 못한 선진국으로 향하는 마지막 진입장벽을 한국

이 넘은 것이다. 이는 수십 년에 걸친 발전과정에서 많은 대외원조를
받은 대한민국이라는 국가가 이룬 경이로운 성과이기에 실질적인 발
전을 이루고자 하는 다른 개발도상국들에게도 희망과 함께 많은 시사
점을 주었다.

의존성 심화 문제, 한국은 무엇이 달랐나?

대외원조가 "득(得)보다 실(失)이 크다"는 말이 나오는 이유는 많은 개발도상국들, 특히 최빈개발도상국들이 매년 상당한 규모의 대외원조를 공여국들과 국제기구들로부터 지속적으로 받으면서도 그들의 국가경제는 개선되지 않거나 심지어 악화되는 일이 종종 벌어지기 때문일 것이다. 이런 '원조의 역설(Paradox of Aid)' 현상은 공여국으로부터 대규모 원조를 수령하는 과정에서 발생하는 공여국의 간섭과 그에 따른 주권 제약, 의존성 증가[11] 등의 부작용, 대외원조로 인한 정책불균형,[12] 사업 간 단절성[13] 등으로 인해 야기된 것으로 보인다.

그중에서도 개발도상국의 발전을 가장 크게 저해하는 것은 '의존성의 증가'일 것이다. 대외원조에 대해 의존성이 증가하게 되면 스스로 발전하려는 의욕과 의지를 잃게 되기 쉽다. 결국 대외원조에 대해 매너리즘에 빠지고 스스로가 발전의 주체가 되고자 하는 정책들이 나오지 않으면서 원조와 연계된 사업은 물론 원조와 직접 연계되지 않은 발전정책들까지 탄력을 잃게 된다. 즉, 대외원조가 한 나라의 발전에 어떤 역할을 하는가는 대외원조에 대한 수원국의 의존성을 어떻게 차단할 것인가의 문제와 직결되어 있는 것이다. 한국의 발전과정이 다른 개발도상국의 그것과 가장 뚜렷한 차이가 있다면, 한국은 1999년 말, 원조를 받기 시작한 지 50여 년 만에 세계은행(World Bank)을 비롯한 국제기구, 그리고 공여국들의 원조대상국리스트(Recipient List)에서 완전히 '졸업'한 것이다.[14] 한국의 대외원조 접수는 당초부터 졸업을 상정하고 시작한 것이었으므로 원조에 대한 의존성은 문제가 될 수 없었다. 아무리 많은 액수를, 아무리 오랫동안 받는다고 할지라도 대외원조에 대한 명확하고 확고한 '종결전략(Exit Strategy)'이 있다면 '원조의 존성이 심화되지 않는다'는 것을 한국의 사례가 보여주었다. 중요한 점은 대외원조는 애초부터 사용기한이 정해져 있는 '발전의 촉매제'이기에 그 사용법대로 일정 기간만 써야 하는 것이다.

하지만 막상 외국으로부터 원조를 받으면서 의존성을 줄인다는 것은 말이 쉽지, 실제로는 전혀 쉬운 일이 아니다. 만약 그것이 쉬운 일이라면 '중진국의 함정', '원조의 저주' 같은 단어는 생겨나지도 않았을 것이다. 또한 대외원조를 수령하는 대부분의 개발도상국들이 말 그대로 시간이 지나면서 개발, 다른 말로, 발전을 이루었을 것이다. 하지만 내가 다녀본 개발도상국들 중 많은 국가들이 개발도상(開發途上)에 있다기보다 퇴보도상(退步途上) 내지는 정체도중(停滯途中)에 있었다.

나는 그것을 보면서 이런 궁금증이 일었다.

첫째, 발전을 이룬 개발도상국과 발전을 이루지 못한 개발도상국의 차이는 무엇일까?

나는 개발도상국에서 몇 년간 주재하거나, 출장을 갈 때마다 어느 나라를 막론하고 그 나라에 매우 우수한 관료들, 사업가들, 교수들이 매우 많다는 것을 알게 되었고 그들을 만날 기회도 상당히 많았다. 내가 만났던 개발도상국의 고급인력들은 여느 선진국 못지않게 우수했으며, 그 나라의 문화나 전통 역시 선진국들에 비해 전혀 손색이 없었다. 국민들의 활기나 국민적 자부심은 오히려 서구 선진국들을 뛰어넘는 경우도 많았다.

여기서 자연스럽게 이와 관련된 질문이 생겨난다. 왜 대부분의 아프리카는 발전을 이루지 못했을까? 왜 중남미에서는 선진국에 진입한 국가를 찾기가 어려울까? 동남아지역에서는 왜 선진국으로 부상하는 나라가 싱가포르를 제외하고는 없을까? 이런 문제들은 오랫동안 나의 뇌리에 맴돌았지만 명쾌한 답을 떠올릴 수는 없었다. 수년간 개발협력과 관련된 업무를 했었기 때문인지, 대개 생각의 종착지는 '원조효과성'이나, '지속발전개발' 혹은 '높은 교육열' 같은 것들이었다. 하지만 이런 요인들은 중요한 것들이긴 하지만 발전을 본격적으로 시작하게 하거나, 한 단계 발전을 넘어 다음 단계로 넘어가게 하는 동력 창출에는 뭔가 부족한 것이었다. 왜냐하면 그런 것들을 통해 궁극적인 변환(Ultimate Transformation)을 이루거나 선진국에 진입한 국가를 찾을 수 없기 때문일 것이다. 어떤 선진국도 '대외원조 관리기술'이나 '외국으로부터 받은 기술이전'과 같은 수단을 통해 선진국에 이르는 발전을 이루었다는 말을 들어 본 적이 없었다. 또한 아무리 성공적인 경제지표를 기록했다고 할지라도 대외원조를 받고 있다면 선진국이 될 수는 없다. 대외원조를 받지 않게 되는 것, 즉, 원조로부터의 탈출은 개발도상국이 선진국으로 변모하기 위해 반드시 거쳐야 할 필수적인 시험대인 것이다.

둘째, 1950년대 빈곤국가에서 2020년대 선진국으로 변모한 한국은 무엇이 달랐던 것인가?

이것은 결국 '전략의 문제'이다. 한국이 개발도상국이던 시기 국가발전전략의 '컨트롤타워' 혹은 '작전사령부'는 경제기획원(EPB)이었다는 데에는 이견이 별로 없다. 1960~1980년대 대한민국 경제기획원은 국가의 경제개발 전략 수립과 시행에 중요한 역할을 했다. 경제기획원은 1962년부터 1996년까지 총 7번의 경제개발5개년계획을 수립하고 실행하였다. 이 계획들을 통해 경제성장, 산업구조 고도화, 수출증대 등의 목표를 설정하고 구체적인 실행 방안을 제시했다. 그러면서 국가발전 정책 조정 및 통합, 정부 예산의 배분과 관리, 대외 무상원조 및 차관 유치를 통해 경제개발에 필요한 외화를 확보하고 대규모 사회간접자본(SOC) 투자와 산업화 추진을 주도했다. 즉, 한국은 효과적인 국가발전전략을 수립하고, 이를 집행, 조정하며 대외원조와 국내 재원을 유기적으로 연계, 대체할 수 있는 국가발전을 위한 '작전사령부'를 설립하고, 체계적으로 발전전략을 실행하고 관리하는 데 성공했기 때문에 '대외원조의 함정'이라 할 수 있는 '원조 의존성'에 빠져들지 않았던 것이었다.

앞에서 살펴보았듯이 한국은 외국으로부터 원조를 받았으나 의존성에 빠져들지 않았다. 큰 규모의 대외원조를 오랫동안 받으면서도 외국의 원조에 의존하지 않게 됐다는 것은 매우 드문 경우이기도 하지만, 이것이 바로 수원국에서 선진 공여국으로 전환한 국가가 한국밖에 없는 이유일 것이다.

　셋째, 한국이 원조에 대한 의존성의 굴레에 빠져들지 않았던 이유는 무엇이었을까? 왜 다른 개발도상국들은 원조를 받아 성공을 이루면 또다시 유사한 원조를 계속 받기를 희망하는데 한국은 원조를 받는 규모를 줄이면서도 고도성장을 유지할 수 있었을까?

　이미 언급했지만 나는 한국이 원조를 받던 개발도상국에서 선진국으로 변모하게 된 가장 중요한 이유를 '종결(Exit)이 예정되어 있는 원조를 받아 자국의 발전전략에 따라 직접 운전석에 앉아 이를 활용한 것'과 '원조가 종결되더라도 그 원조를 통해 설립된 기관이나 인프라가 더 큰 발전의 동력을 창출하도록 구조화한 것'에서 찾고 싶다. 국가 경제 규모에 비해 대외원조의 비중이 높은 개발도상국의 경우 가장 문제가 되는 것은 의존성 증가 문제이다. 이상적인 대외원조는 사업별로 기간을 책정하고, 책정된 기간 내에 프로젝트가 완료되어 해당 개발도상국의 경제발전이나 사회적 문제해결에 기여하는 원조이다. 즉, 반드시 해당 대외원조프로그램에 대한 '출구전략(Exit Strategy)'이 마련되어 있어야 한다는 말이다. 합리적이고 실질적인 사업별·분야별 출구전략 없이 외국의 원조에 지속적으로 의존하게 되면 정부의 정책 추진 능력과 발전 의제 형성 능력이 모두 약화되어 시간이 지나도 대외원조로부터 빠져나오기가 어렵게 된다. 외국으로부터의 원조를 단절하는 전략이 개발도상국의 발전전략의 핵심이라고 봐도 무방한 이유가 여기 있는 것이다.

기관형성(Institution Building)을 통한 발전거버넌스의 확립과 운영, 그리고 이를 기반으로 한 효과적 국가발전전략 수립은 '대외원조에 대한 의존성'을 막는 가장 효과적인 방법일 것이다. 이런 측면에서 보면 한국의 개발경험(Development Experience)은 가장 교과서적이라고 할 수 있다. 한국은 누가 가르쳐주지도 않았는데 스스로 의존성을 차단하는 가장 바람직한 방법론을 발전전략에 포함하고 이를 일관되게 실천할 기관을 만들어 낸 것이다. 한국의 놀라운 발전, 즉, '한강의 기적'은 여기서부터 시작된 것이라 해도 과언이 아니다.

효과성 저하 문제, 한국은 무엇이 달랐나?

　　　　　내가 2000년대 초 개발협력 업무를 시작한 이후 가장 많이 들었던 단어는 아마도 '원조효과성(Aid Effectiveness)'일 것이다. 고백하건대 나는 당시 '원조효과성'을 정확히 이해하지 못했다. 주OECD대표부에 근무할 때 '부산세계개발원조총회(The 4th High Level Forum on Aid Effectiveness)'를 준비하는 회의에 DAC대표로 참여하면서도 개발도상국과 공여국, 국제기구가 함께 '원조효과성'을 제고하는 방법을 찾는다는 명분에는 공감했지만 정작 그 방법론에 대한 논의는 '뜬구름 잡는 현학적 미사여구' 같다는 비판적 생각을 가지고 있었다.

　'이리 복잡한 원조효과성 기법들을 수원국과 공여국 원조업무 종사자들이 어떻게 다 이해할 것이며, 양쪽 국민들은 원조효과성이라는 어려운 이론으로부터 도대체 무엇을 얻을 것인가?'

　지금도 그때의 일을 생각하면 한국의 개발경험에서 도출된 좀 더 명료하고 간결하며 실천적인 메시지가 부산총회에서 제시되었다면 더욱 좋았을 것 같다는 아쉬움을 마음 한편에 가지고 있다.

　한국의 개발경험은 발전정책을 수립하고, 프로젝트를 추진함에 있어서 가장 중요한 요소가 '주인의식(Ownership)'이라는 것을 보여준다.

　　　　　　　　　　　　　　　　　　대외원조, 그 빛과 그늘

수원국 정부나 국민들이 공여국의 원조로 추진하는 프로젝트를 자신들의 프로젝트로 생각하지 않고, 공여국의 사업으로 생각한다면 프로젝트 자체의 완성도도 매우 낮아지겠지만 활용도 역시 낮아질 것임은 당연하다. 나는 해외에서 대외원조로 진행되는 프로젝트 건설 현장을 여러 차례 방문했던 경험이 있다. 어떤 곳에서는 수원국 정부인사들이나 현장에서 일하는 현지인 근로자들의 의욕이 넘쳐나고 있었고, 어떤 곳에서는 관리자급들의 프로젝트 이해도는 낮아 보였고, 근로자들은 삼삼오오 모여 잡담을 나누고 있었다. 피상적인 느낌이겠지만 프로젝트에 대한 수원국의 '주인의식'을 실감하는 데는 30분도 채 걸리지 않았다. 어떤 현장에서는 공여국의 엔지니어들과 사업관리자들만 분주하게 열정적으로 움직이고 있었지만, 또 다른 어떤 곳에서는 모든 엔지니어들과 근로자들이 혼연일체가 되어 일하고 있다는 것을 쉽게 알 수 있었다. 기술이전 프로그램의 여부, 기술이전 세부 조건과 무관하게 실질적인 변화가 이루어지는 환경은 수원국의 주인의식이 형성되어 있는지 여부에 따라 이미 조성되어 있었던 것이다.

한국은 원조로 추진한 사업들의 효과성을 제고하는 데 탁월한 성과를 발휘하였다. 한국 경제발전의 기폭제가 된 프로젝트들, 즉, 포항제철, KIST(한국과학기술연구소), KDI(한국개발연구원) 등을 건립하는 데 있어서 한국은 자국의 국가발전전략을 구체화하고 실천한다는 큰 틀을 가지고 있었다. 이러한 프로젝트들은 대외원조를 받아 진행한 것들이 많았지만 한국은 원조의 도입부터 사업의 진행, 평가, 활용, 확산 모든 과정에서 이를 주도하려고 노력하였다. 그리고 이러한 한국 정부의 계획을 공여국이 반대할 때는 한국이 독자적으로 사업을 진행하겠다는 의지를 명확히 표명하기도 하였다. 이처럼 원조 프로젝트들은 한국 정부와 국민들의 '주인의식'하에 추진되었고, 일정 시기에 대외원조를 단절한다는 넓은 의미의 '탈출전략(Exit Strategy)', 즉 자체 발전역량 확보 목표를 계획 시점부터 가지고 있었다. 한국의 자립경제는 그냥 이루어진 것은 아니었다.

원조효과성을 저하시키는 또 다른 요인은 원조 성과 전달체계의 비효율성이다. 외국의 원조를 받아 건설되거나 제공되는 원조프로젝트들은 그 기관이나 사업의 성과가 제한적이거나 당초 예정했던 성과에 못 미치는 경우가 많다. 그 원인 중 중요한 것은 연결성 또는 확장성의 제약이다. 수원국 정부가 주인의식을 가지고 추진한 프로젝트가 아닌 공여국 주도의 원조사업은 원조 성과를 국가경제에 전달하는 기능이 약할 수밖에 없다. 만약 공여국이 수원국 정부를 힘들게 설득해서 과학기술 전담기관을 설치하고, 공여국이 확실한 비전을 제시하지도 않은 채 행정적 절차에 따라 연구원들을 선발한다면 그 기관이 해당 수원국의 중장기 과학발전전략을 수립하고 우수한 인력을 끊임없이 양성하여 국가의 산업수요를 충족시키는 '발전의 선순환(Virtuous Cycle of Development)'을 만들어 내지는 못할 것이다. 즉, 원조의 성과가 발전을 확대 재생산하는 시스템에 피드백되지 않고 한 분야에만 한정되어 일정 기간 기여하다가 점차 소멸해 가거나 용도 폐기되는 경우가 많을 것이다.

아프리카나 중남미 개발도상국에 가보면 초원 한가운데 도로가 나 있고 그 도로가 잘 사용되지 않고, 관리되지 않아 자갈길로 변해 있는 것을 볼 수 있다. 또한 느닷없이 외딴 시골 소도시에 종합병원이 건립되어 있지만, 인근 도시와의 교통 연결성이 취약하여 병원은 환자 몇 명 없이 매우 한적한 모습인 경우를 볼 수도 있다. 학자들의 연구에서도 국가개발계획을 수립한 개발도상국가들의 계획 이행 성과에 대해 부정적인 평가가 많은 것은 개발계획이 얼마나 형식적이고 비현실적인지를 말해주는 것이다. 대부분의 개발도상국들이 자원배분수단으로서 국가발전계획(종합계획)을 수립하여 시행하고 있지만 별다른 성과를 이루지 못하고 장식물(Window Dressing)에 그치고 있다는 평가이다.[15] 이러한 문제에 대해 수원국 정부가 계획수립을 주도하지 않아 부정적 결과가 초래되었다는 분석이 있을 수 있겠지만 나는 이러한 문제, 즉, 원조의 효과성 저하 문제는 기본적으로 원조 성과 전달체계의 취약성에도 원인이 있다고 본다.

예를 들면, 도로 건설의 성과는 일차적으로 출발 지점에서 도착 지점을 연결하는 것이겠지만 원조사업의 성과가 더욱 확대되기 위해서는 해당 도로와 연결되는 다른 도로들이 생겨나고 도로변에 여러 산업도시들이 생겨나서 도로의 활용도가 커지고 국토의 균형 발전이 제고되어야 한다. 이러한 원조의 효과성 사례를 한국의 '경부고속도로건설'에서 찾을 수 있다. 1960년대 건설된 총연장 약 420km 경부고속도로는 한국 정부 주도의 건설계획과 시공으로 추진되었고 완공 이후 경부고속도로를 중심으로 많은 산업도시들이 형성되었다. 또한 경부고속도로와 연결되는 여러 고속도로와 국도, 그리고 지방도로들이 건설되면서 한국 산업화의 기반이 되는 교통인프라의 구축이 진행되었다. 그리고 경부고속도로를 한국정부가 건설하겠다고 했을 때 분수에 맞지 않는 거창한 계획이라며 외면한 공여국들과 국제개발기구들은 경부고속도로가 성공적으로 건설된 후에는 태도를 바꿔서 한국의 도로건설에 차관이나 원조를 제공하겠다고 나섰다. 그리고 경부고속도로 이후 많은 고속도로들이 연이어 건설되었다.

원조의 효과성 제고 문제는 수원국 정부의 정치적 의지 문제로 볼 수 있다. 대외원조를 받는 수원국이 원조의 규모나 원조 제공기간과 같은 눈에 보이는 원조의 외관에만 관심을 집중한다면 원조효과성을 높이기 어렵다. 개발협력 업무를 하면서 수원국의 원조업무 관련 인사들과 만나는 기회가 종종 있었는데 어떤 사람들은 그 규모에만 관심을 보였던 데 반해 어떤 사람들은 그 원조사업의 확장성과 실질적인 효과(Impact)에 관심을 두고 있었다. 강에 댐을 만들 때 어떤 나라의 관료는 댐 건설비용의 많고 적음에 따라 공여국의 중요도를 평가하였지만, 또 다른 나라의 관료는 댐이 만들어낼 농지, 수자원을 예견하여 하천 유역 개발 계획을 수립하고 이를 위한 재원을 찾아보는 등 공여국과 함께 추구해 나갈 개발성과에 집중하고 있었다.

이것은 바로 한국이 개발도상국일 때 보여주었던 태도이다. 한국이 저개발상태에 있었던 1950년대와 제1차 경제개발5개년계획, 제2차 경제개발5개년계획 기간 중이던 1960년대, 그리고 1970년대 초

는 특히 미국 전문가의 참여가 많았다.[16] 그중 하나의 예를 들면, 1950
년대 초반 한국전쟁으로 전력부족 문제가 심각했던 상황에서 당시 대
(對) 한국원조를 담당하던 미국 대외활동본부(FOA: Foreign Operation
Administration)는 전력 개발을 위한 원조자금으로 한국에 25,000kW
급 화력발전기 4기를 가설하고 관련 기술을 전수했다. 또한 FOA는 한
국 내에서의 기술 전수와는 별도로 한국의 전기기술자들을 미국에 초
청하여 연수를 지원하는 프로그램을 운영하였다. 이러한 기술 전수
는 한국 기술자들에게 "선진 기술"을 직접 경험하는 기회를 제공했다.
미국은 또한 1954년 화천수력발전3호기 설치 자금 1,351만 7,000달
러를 투입하여 건설하였다. 이러한 미국의 화력발전소 및 수력발전소
건립 지원을 기회로 한국은 빠르게 기술을 습득하여 1957년에는 순
수한 한국 자본과 한국 기술자들의 힘으로 괴산수력발전소를 건설한
다. 이후 1958년 한국 정부는 장기전원개발계획을 수립하여 화력발
전 55%, 수력발전 45%의 세부계획을 마련하는 한편, 원자력 발전계
획을 포함시켜 새로운 기술을 확보할 계획까지 세운다. 그리고 그 계
획은 1989년 실현되어 순수 한국 기술의 한국형 원자력발전소를 건립
한다.[17] 외국의 원조를 받아 시작한 사업은 일단 완공되고 나면 그다
음 프로젝트부터 한국은 놀라운 기술 진보를 이루면서 자체 기술력을
키웠고 연이어 연계사업에서 성공을 이루었다. 괴산수력발전소, 경부
고속도로[18], 소양강댐[19], 포항제철, 한국과학기술연구소(KIST), 한국
개발연구원(KDI), 고리원자력발전소, 방위산업, 조선산업, 제약산업
등 1960~1970년대 시행한 대부분의 사업에서 한국은 예외 없이 성공

을 거두었고 사업을 처음 시작한 지 40년에서 50년이 지난 후 해당 분
야에서 세계 최고 수준의 기술력과 생산력을 가진 국가가 되었다. 개
발협력, 원조효과성이란 관점으로 살펴본다면 한국은 대외원조를 어
떻게 사용하는 것이 효과적인지를 현실에서 보여준 '교과서'라고 할 수
있다.

적절성 문제, 한국은 무엇이 달랐나?

나는 출장을 다니면서 선진국들이 제공한 많은 원조 프로젝트가 수십 년간 종료되지 않고 지속되고 있는데도 불구하고 정작 실질적인 발전을 이루지 못한 국가들이 생각보다 많다는 것을 알고 적잖이 놀랐었다. 1990년대 초 업무를 하면서 한국의 발전정책을 직·간접적으로 접할 기회가 있었는데, 그때 국가발전은 시간의 흐름과 정방향으로 전진해 나간다는 무의식적 인식을 갖게 되었던 것 같다. 아마도 사회 초년병의 눈에는 다른 나라들도 우리나라처럼 성장만 하는 것으로 보였던 것 같다.

하지만 현실은 달랐다. 체계적으로 정리되지 않고 논리적으로 연계되지 않은 지식과 정보가 실질적인 성장을 가져오는 데 한계가 있듯이, 우선순위에 따라 정리되지 않고 사업 간 연계되지 않은 대외원조 사업 역시 수원국의 발전을 이루는 데 많은 한계가 있는 건 당연할 이치다. 발전이 급속도로 진행되던 시기의 한국은 공여국의 원조 제공 정책에 끌려다니면서 우선순위가 상대적으로 낮은 사업들을 시행한 것이 아니라 명확하게 수립된 국가발전전략에 따라 자국에 필요한 우선순위 사업들을 추진함으로써 원조의 적절성을 확보할 수 있었다. 공여국이 아무리 큰 규모의 대외원조 프로젝트를 제공할지라도 수원국인 개발도상국은 그 제안이 자국의 국가발전전략에 부합하지 않는다면 그것을 그대로 수용할 수는 없는 것이다. 자칫 잘못하면 발전전략이 뒤죽박죽되어 원조사업의 적절성만 잃게 되는 것이 아니라 전체 발전계획에도 차질을 빚을 수 있다. 이를 막는 방법은 선진국과 원조 제공 분야와 조건에 관해 진지하고 엄격한 '교섭'을 시작하는 것이다. 말하자면 '배수진 전략'이라고 할 수 있다. 갖은 교섭을 다 해도 안된다면 원조를 받지 않아야 한다. 국가발전전략이 망가지는 것보다는 큰 사업 한 개를 유보하는 것이 낫다. 이 점을 고려하면 원조의 적절성(Relevance)은 수원국의 교섭력과 협상에 임하는 태도에 상당 부분 달려 있다. 원조를 놓고 교섭하고 협상할 수 있는 근거는 원조는 시혜(施惠)가 아니라 공동의 이익을 추구하는 상호작용이기 때문이다.

사실 수원국마다 입장과 상황이 다르다. 모든 곳에 통용되는 'One size fits All' 식의 발전전략은 아마도 세상 어디에도 없을 것이다. 어떤 수원국은 작은 인구 규모로 인하여 제조업의 발전을 추구하는 것이 불가능할 수도 있고, 어떤 국가는 강수량이 너무 적어 농업 발전을 이루기가 어려울 수 있다. 어떤 국가는 지하자원이 풍부하고 어떤 국가는 수산자원이 풍부하다. 어떤 국가는 문맹률이 높고 어떤 국가는 험준한 산악지대가 많다. 국민소득으로만 보면 다 같은 저소득국가겠지만 실질적인 상황은 전혀 다를 수 있다. 수원국들의 이러한 차이점은 발전전략에 있어서 가장 중요한 고려 사항인 경우가 많다. 이 부분을 고려해서 정책을 개발하고 재원 계획을 짜야 적절한 정책이 형성될 수가 있다.

하지만 많은 공여국들은 자국의 대외원조 우선순위를 가지고 자국민들의 생각에 부합하려고 노력한다. 기본적으로 공여국 정부가 대외원조 정책을 세울 때 가장 중요하게 고려하는 사항은 자국 정부의 대외정책 우선순위와 자국민들의 지지이다. 이와 같은 대외원조 정책 형성 원리는 구조적으로 공여국의 원조 정책과 수원국의 정책수요 간 격차(Divide)를 만들고 대외원조의 적절성을 저하시키는 근본 원인이 된다.

따라서 대외원조파트너국가들, 특히 수원국은 '대외원조는 결코 공짜 점심이 아니라는 점'을 유념해야 한다. 국가발전전략에 따른 경제발전계획, 즉, 여러 번에 걸친 경제개발5개년계획을 성공적으로 완료함으로써 경제발전을 이룬 한국의 사례도 그 내면을 깊이 살펴보면 대외원조의 대가를 놓고 수원국인 한국과 공여국인 미국, 일본, 독일 등 자국에 조금이라도 더 유리한 여건을 만들어내기 위해 치열하게 교섭을 벌인 결과물이라는 것을 알 수 있다. 수원국은 원조를 받을 때 까다로워야 한다. 공여국이 제공하는 대외원조를 자국의 정책수요에 따라 재조정하지 않는다면 개발정책의 수요와 공급은 맞지 않게 되고 많은 비효율과 부패, 투명성 저하 문제가 함께 발생할 수 있다. 결국 수원국 정부가 대외원조 협상 과정에서 장기적 안목과 전략적 사고를 활용하여 보다 유리한 협상 결과를 도출해 내는 것이야말로 대외원조가 야기하는 문제점들을 해결하면서 수원국을 발전에 이르게 하는 최선의 방법이고 원조의 적절성을 강화하는 현실적인 방법이 된다.

이처럼 언뜻 보면 원조 교섭 과정에서는 언제나 원조를 제공하는 공여국이 우위를 점할 것이라고 생각하게 되지만 반드시 그런 것만은 아니다. 예상되는 개발성과(Development Result)에 대해 공여국의 기대가 클 때, 공여국이 해당 수원국과의 긴밀한 협력에 대한 수요가 클 때, 공여국이 해당 수원국에 대해 강력한 진출 의지가 있을 때, 수원국에게 대안이 될 수 있는 다른 잠재적 협력파트너가 있을 때, 공여국이 해당 수원국에 대해 특별한 이해관계를 가질 때 수원국의 교섭력은 해당 공여국을 능가할 수도 있다. 각각의 주어진 여건에서 교섭력을 극대화해 자국의 중요한 개발목표를 실현하는 능력은 개발도상국이 발전을 이루는 데 있어 매우 중요한 요소가 된다. 대외원조 협상 과정에서 양쪽 당사국 간의 교섭력은 상수(Constant)가 아니라 변수(Variable)라는 점은 반드시 유념할 필요가 있다.

물론 현실적으로 보면 많은 경우 수원국이 불리한 입장에 있다. 적절한 대외원조는 수원국 발전에 필수적이다. 대외원조가 적절한가 여부는 수원국의 개발수요를 충족하는지 여부와 관련이 있다. 주권을 가지고 있고 지지를 받아야 하는 국민이 있는 각각의 국가 간에 이를 조율하는 과정도 쉬운 일이 아니다. 이 문제는 결국 양국 간 교섭과정에서 조정되어야 하는데 이때 더 절실하고 아쉬운 쪽은 수원국이다. 공여국이야 수원국의 개발수요가 충족되지 않았더라도 자국의 공여 정책에 따라 원조가 제공되었다면 크게 문제 될 것이 없다.

하지만 수원국 입장은 전혀 다르다. 정작 자국의 절실한 필요는 충족되지 않았는데 상대적으로 후순위의 수요가 충족된 것이다. 후속 사업계획과 예산배분계획은 또 어떻게 되는가? 자국의 정책수요는 뒤로 미루고 외국 원조가 이루어진 분야로 정책대상을 바꿔야 하는 것인가? 이런 일이 잦아지면 그 수원국의 발전전략은 뒤죽박죽이 되고 정책은 추진력을 잃는다. 공여국이 주는 대로 수원국의 정책이 좌지우지되다 보면 대외원조에 대한 의존성은 더욱 높아지고 원조의 적절성은 끝없이 추락한다. 이는 안타깝게도 대외원조를 많이 받는 개발도상국들의 전형적인 모습이다. 잘해보자고 시작한 대외원조가 한 나라의 정책추진체계를 망쳐버릴 수도 있는 것이다. 국민총소득(GNI)에서 높은 비중을 차지하는 대외원조, 여기저기 수원국을 지원한다는 명목으로 여기저기서 우후죽순으로 벌어지는 원조사업들, 수원국 정부의 형식적인 관여, 단순 노동력의 부가가치 낮은 작업 참여…. 전략적으로 관리되지 않은 대외원조로 인해 자체적 발전동력은 생겨나질 못하고, 이렇게 취약한 자체 능력 탓에 다시 외국의 원조를 불러들인다.

아무리 많은 액수의 원조제공 제안이라 하더라도 수원국의 정부와 원조담당 기관은 이를 엄격한 잣대로 검토하고 공여국과 협상을 벌여 만약 수원국의 개발전략과 맞지 않는다면, 제안을 거절한다는 기본 입장을 가지고 있어야만 한다. 이처럼 수원국의 기본 입장이 확립되어 있을 때, 그 수원국이 접수하는 원조는 적절한 원조가 될 수 있고, 필요한 정책수요가 충족되면 그에 대한 원조를 종결할 수 있게 된다. 어렵더라도 이러한 원칙이 수립되어야만 원조의 적절성이 보장될 수 있다. 이것은 대외원조에 대한 수원국의 기본 입장에 관한 문제이고, 국

가발전전략을 수립할 때 반드시 함께 정립되어야만 하는 것이어서 결
코 간과되어서는 안 될 사안이다. 주는 대로 받는 수원국과 원하는 것
만 받는 수원국의 발전 양상은 너무나도 다르다는 것을 외국에 근무하
면서 여러 차례 목격하였다.

02

대외원조의 그늘, 아무 원조나 받으면 안 되는 이유

Official Development Assistance

ODA

대외원조, 항상 좋은 것은 아니다

당연한 이야기이겠지만 대외원조는 항상 긍정적인 것만은 아니다. 오히려 부정적인 측면이 더 많을 수도 있다. 이러한 인식 때문이었는지는 몰라도 나는 개발협력 업무를 담당할 때 "원조를 받으면 그 프로젝트에서는 혜택을 받겠지만 국가의 발전역량은 전반적으로 하락하거나 쇠퇴한다."라는 주장을 하기도 하였다. 꽤 오랜 시간이 지난 지금 생각해 보면 실로 아이러니하다.

"원조 규모를 늘려야 한다고 주장하면서 대외원조가 부정적인 측면이 더 많아 빨리 종결시켜야 한다니…"

물론 이렇게 생각하는 것은 대외원조(Foreign Aid)가 본질적으로 긍정적이거나 부정적인 것이어서가 아니라, 대외원조를 주고받는 국가들이 대외원조를 긍정적으로 만들었거나 부정적으로 만들었기 때문일 것이다. 대외원조를 부정적으로 보는 시각이 존재하는 데에는 원조를 잘 사용하지 못한 수원국의 잘못도 크겠지만, 수원국의 진정한 발전은 제쳐두고 자국의 원조 정책 우선순위에 몰두한 공여국의 책임 역시 작다고 할 수는 없다.

수원국에 근무할 때 만났던 한 경제부처의 한 고위 인사는 "원조는

대외원조, 그 빛과 그늘

받지 말아야 하는 것인데 국내적 압력 때문에 계속 받게 돼서 문제"라고 말하면서 원조 활용과 관리에 있어서의 고민을 나에게 토로한 적이 있다. 국정최고책임자를 비롯하여 정부 내 고위직들이 원조의 용처나 활용, 정책우선순위에는 관심이 없고 공여국들이 원조를 주겠다고 제안하면 우선 무조건적으로 받고자 하는 것이 문제란 것이었다. 많은 개발도상국에는 크건 작건 간에, 어떤 분야이건 간에 무상원조(Grant Aid)라면 환영하는 관행이 형성되어 있기도 하고, 수요조사도 잘 안되어 있는 상태에서 공짜 물건이 시장 메커니즘을 통하지 않고 취약한 경제구조를 가진 수원국에 유입되니 수원국 국내경제에 교란이 생기기도 하고, 무상물자를 전달하는 과정에서 부패가 구조화되기도 한다는 것이다.

그 사람의 이야기를 듣다 보니 공감이 되었다. 대외원조는 수원국에 대해 좋은 의도로 자선을 베푸는 것이 아니라 수원국의 발전을 야기하고 촉진하고 증진하는 방향으로 정책화한 후에 제공되어야 하는 것이다. 선의(善意) 표시랍시고 아무거나 공여국이 편한 대로 대충 원조물자를 제공하다 보면 그 물자에 대한 가격책정 메커니즘이 손상될 수 있고, 나아가 수원국의 유치산업(幼稚産業) 기반이 타격을 입을 수도 있다. 타국을 돕는다고 한 자선이 그 나라에는 유해한 결과를 초래할 수 있는 것이다. 그래서 수원국과 공여국은 국가발전전략을 공유해야 하고 그 전략 하에서 일관성 있는 개발협력을 진행해 나가야 한다. 나는 그때 중요한 교훈을 얻었다. 원조는 공여국의 '기부(Giving)'가 아니라 함께 계획을 세워 단계적으로 진행해 나가야 하는 '발전파트너십

(Development Partnership)'이란 것을 마음 깊이 이해하는 계기가 되었다.

　국내 재원으로 추진되는 사업과 대외원조 재원으로 추진되는 사업의 근본적인 차이점은 책임성(Accountability)에 있다고 할 수 있다. 대외원조는 수원국 국민이 내는 세금이나 수원국 정부가 설치한 기금으로 충당되는 것이 아니므로 정부의 책임성에 대한 압력이 덜한 경우가 많다. 이러한 '경감된 책임성'으로 인해 무상으로 제공된 원조에 대한 부담을 덜게 되는 한편, 이를 전달하는 과정에서 관련 기관의 부패를 유발하기도 하고 자원 관리 측면에서의 비효율성을 초래하기도 한다. 이러한 상황이 장기적으로 지속되면 정부와 대외원조 시행기관의 부패가 구조화되고, 구조화된 부패는 원조사업의 성과뿐만 아니라 국가 발전전략 이행을 제대로 못 하는 악순환으로 이어지기 쉽다.

　대외원조의 또 다른 부정적 측면은 정책 간 불균형이 심화되는 문제이다. 양자 차원의 원조 정책 대화에서 한 동남아 개발도상국의 정부 인사는 대외원조로 인해 발생하는 정책 간 불균형 문제를 고민하면서, 취약한 개발도상국의 경제적 · 사회적 기반으로는 선진국의 원조 정책 변화에 따른 원조 규모나 분야의 변화를 수용할 여건이 되지 않기 때문에 대규모의 대외원조가 유입될 경우, 해당 분야와 여타 정책 간 불균형이 발생하게 되고 경우에 따라 행정시스템에 많은 부담을 주게 된다고 말한 적이 있다.

　예를 들면, 초등학교 교육시스템이 매우 취약하여 문맹률이 높은 상

　　　　　　　　　　　　　　대외원조, 그 빛과 그늘

태인 개발도상국에 직업교육에 대한 원조를 크게 확대할 경우, 정규교육 시스템이 붕괴할 위험이 커지며, 직업교육 역시 연관 교육시스템의 미비로 인해 일정 수준 이상의 기술교육을 시행하는 데 어려움을 겪게 된다. 문제는 이러한 정책 간 불균형이 때로 매우 파괴적인 결과를 가져올 수 있다는 점이다. 부족한 예산과 낙후된 시설, 낮은 교원 보수 등으로 수원국의 정규교육시스템이 어려움을 겪는 상황에서 공여국의 대외원조 정책에 따라 직업교육 분야에 대규모 원조 재원이 투입된다면 문제가 발생할 수 있다. 즉, 정규교육시스템에서 교육받고 있거나 교육을 제공하는 사람들의 대규모 이동이 일어날 수 있으며 정규교육 시스템이 제공하던 인센티브와 혜택은 상대적으로 크게 하락하는 문제가 생기게 될 것이다. 이러한 현상이 정부의 보완조치 없이 계속된다면 장기적으로는 정규교육을 제대로 이수하지 못한 상태에서 직업교육시스템으로 유입되는 저급 노동력이 넘쳐나게 되며, 산업화를 추진할 중상급 노동인력은 역설적으로 거의 양성되지 못하는 상황에 봉착할 수도 있다. 수원국의 입장에서 보면 자생적 산업화를 시도해 보기도 전에 불균형적인 정책으로 노동 분야에서 발전동력이 마모되어 버릴 수도 있어서 매우 유의해야 할 상황이 된다.

또한 개발프로그램이 갑자기 중단되거나 크게 변경되는 것도 원조를 부정적으로 보게 되는 중요한 원인이다. 특히 대부분의 사업비가 자체 예산이 아니라 원조 재원으로 충당되는 경우, 공여국의 경제 상황 변화와 정치 리더십의 교체, 여론 추이, 공여국과 수원국 간 외교관계의 변화 등으로 인해 사업이 중단되거나 축소되는 변화를 겪을 수 있다. 특히, 대규모 개발프로그램이 공여국의 일방적인 결정으로 변경되는 상황은 공여국에도 어려운 일이겠지만 수원국에게는 엄청난 충격과 함께 국가발전계획을 수정해야 하는 부정적 파급효과가 올 수 있다. 특히 중요한 개발프로그램 추진에 있어서 이에 대한 공여국과 수원국 간 의무 이행에 관한 명확한 합의와 이를 강제할 수 있는 수단이 마련되지 않은 상태에서는 이미 수립된 개발프로그램이 중단되거나 변경되는 등 국가발전과정에서 중대한 좌절을 겪게 될 수 있다는 점역시 유의해야 한다.

많은 사례를 찾을 수 있듯이 대외원조는 적절하게 계획되고 관리되지 않는다면 수원국인 개발도상국을 발전시키기는커녕 오히려 발전잠재력을 잠식하고 발전의 맹아를 소멸시켜 버리는 독약과 같은 작용을 할 수도 있다. 즉, 이는 대외원조가 국가발전전략이라는 개발도상국의 거시적 발전계획에 있어 촉매 역할(Catalytic Role)이나 돌파구 역할(Breakthrough Role)을 하도록 설계되어야 한다는 뜻이며, 외국기술의 도입 접점으로의 역할을 수행하는 등 일국의 발전전략 안에 내재화시켜야 한다는 뜻이 된다. 외재변수인 대외원조를 내재화해 수원국 정부와 국민이 주도적으로 결정하고 선택하며 적절하게 관리하고 사용할 수 있는 내재변수로 만드는 것이 중요하다는 의미이다.

이제까지 수원국의 입장에서 바라본 대외원조의 부정적 측면들을 살펴보았다. 그렇다면 대외원조가 공여국에 끼치는 부정적인 측면들에는 어떤 것들이 있을까? 가장 쉽게 찾아볼 수 있는 사례는 오랜 기간 원조를 제공했음에도 불구하고 수원국 상황이 개선되지 않고, 당초의 개발목표도 전혀 달성되지 않은 데서 오는 원조피로감(Aid Fatigue)이 확산되는 상황이다. OECD 개발원조위원회(DAC) 회원국들은 수십 년간 개발도상국들을 지원해 오고 있는 경험 있는 공여국들로 구성되어 있지만 회원국 중 많은 나라들이 '원조피로' 현상을 경험하고 있는 것 또한 사실이다. DAC 회의에 참석하다 보면 선진국 대표들이 성과 없는 원조가 계속될 때 원조피로가 생기고, 원조피로감에 빠진 공여국 국민들은 자국이 제공하는 대외원조의 효용성에 대해 큰 의문을 갖게 되어 자국 정부의 외교정책에 대해서까지 회의감을 갖게 되기도 한다고 말하는 것을 종종 보게 된다. 계속되는 성과 없는 원조의 제공, 이것이 바로 '원조피로'의 원인이라는 말이다. 그리고 원조피로는 '출구전략' 없는 원조 제공이 원인이다. 그리고 '출구전략' 없는 원조로는 수원국의 실질적 발전을 이루지 못한다. 오히려 대외원조의 부작용으로 인해 발전은 더욱 멀어지고 원조로 근근이 살아가는 의존적인 취약국가(Fragile State)로 전락하기 십상이다. 이러한 상황이 발생하면 개발협력은 많은 재원을 소모한 채 공여국-수원국 양국 모두에게 개발파트너십 약화라는 바람직하지 않은 결과를 야기시키게 된다. 또한 양국의 외교관계 발전에 영향을 미치는 양국 국민감정 역시 원조프로젝트의 실패에 따라 개선되지 않거나 오히려 악화되는 등 대외원조가 원래 의도했던 목적들은 대부분 사라지게 된다.

공여국의 선의에 취하지 말라

압도적 국력을 보유한 공여국으로부터 대외원조를 받을 때, 상대적으로 약한 국력을 가진 수원국이 가장 크게 우려하는 것 중 하나가 정책 종속이다. 원조에 의존하는 개발도상국 사람들과 이야기를 나누다 보면 공여국이 어떤 나라인지에 따라 천차만별의 반응이 나온다. 원조를 제공하는 나라마다 이미지와 브랜드가 붙여져 있다는 말이다. 마치 전자제품이나 자동차가 제조회사에 따라 소비자들에게 다른 이미지로 인식되는 것과 흡사하다.

공여국의 정치적 영향력이 특히 문제 되는 경우는 부패가 심하고, 정부의 거버넌스 효율성이 낮은 수원국이 특정 공여국의 대외원조에 크게 의존하는 경우이다. 원조가 없으면 독자적인 국가 운영이 어려운 상태가 되겠지만 이럴수록 수원국 국민들의 반감은 더욱 커지기 일쑤이고 정치적 안정성은 갈수록 약화된다. 특히 대외원조의 효율적 분배 메커니즘이 취약할 때 원조가 특정 분야나 특정 집단에 집중됨으로써 이에 상대적 박탈감, 심각한 좌절감을 느끼는 세력이 나타나 심각한 정치적 불안정(Political Instability)을 초래할 수 있음에 유의해야 한다. 이런 상황에서 발생한 정치적 불안정은 공여국에 대해 정치적 책임론을 불러일으키기도 하고, 수원국과 공여국 간 외교 문제로 비화되기도 한다. 대외원조가 '발전의 선순환'이 아니라 '퇴보의 악순환'을 만들어 낸 것이다.

　그렇다면 이러한 정치적 위험요인에 대한 대책은 무엇일까? 우선적으로 필요한 것은 자국 중심의 대외원조 전략을 수립하는 것이다. 원조의 목적, 파트너국가, 교섭전략, 원조집행 전략, 자국 경제발전 프로그램, 국가재정전략, 인력양성전략, 원조로부터의 출구전략 등을 일목요연하게 정리하고 이를 추진할 수 있는 거버넌스 체제를 마련할 때까지 원조를 받는 것을 자제해야 한다. 정 필요하다면 식량원조나 인도적 지원과 같은 긴급한 수요를 충당하는 원조에 한정하고, 여타 대외원조는 자립 경제의 기반이 어느 정도 갖추어질 수 있는 단계가 되었을 때 국가발전전략에 포함시켜 활용하는 것이 좋다.

　한편, 대외원조로 인한 정치적 불안정을 방지하는 데 있어 가장 필요한 것은 '투명성(Transparency)'과 '책임성(Accountability)'일 것이다. 한국은 원조자금이 부패의 원천이 되거나 불투명한 거래를 조장하지 않도록 원조자금의 활용에 대한 투명성을 높이고, 모든 관련자가 담당 업무에 대해 책임지도록 하는 업무처리 구조를 구축하여 부패를 방지하고 효율성을 높이는 방식을 활용했다. 경제개발5개년계획이 진행되던 시기 서정쇄신(庶政刷新)이라고 명명된 공무원 부패 척결 정책은 원조자금 관리에 대한 투명성을 확보하는 데 중요한 역할을 하기도 하였다. 당시 정부는 경제발전을 통해 정권의 정당성을 확보하는 정책을 추진했기 때문에 원조자금을 유용하거나 횡령, 착복하는 데 대해서 매우 엄격하고 단호한 태도를 보였다. 이러한 정책을 통해서 원조사업들이 계속 성공하면서 외국의 원조에 대한 정부와 국민들의 자신감이 강해졌다. 이에 따라 외세의 영향력이 통제할 수 없을 정도로 증가하는 정치적 위험성도 자연히 해소되었다. 대외원조가 선순환의 사이클에 들어서면 원조의 부정적 측면은 작아지고, 긍정적 측면이 커지는 현상이 여기서 나타난 것이다.

한국이 제공하는 원조는 무엇이 달라 환영받는가?

지인들과 대화를 나누다 보면 우리나라의 대외원조에 대해 두 개의 상반된 정서가 동시에 표출되는 것을 자주 본다. 하나는 우리나라가 제공하는 원조는 수원국들의 발전에 큰 도움이 될 것이라는 견해이고, 다른 하나는 외국을 위해서 돈을 쓰는 것에 대한 반감을 표시하는 경우이다. 전자는 '한강의 기적'이라 불리는 한국의 발전 경험에 대한 자부심에서 유래한 긍정론이고, 후자는 우리 국민들 중에도 가난한 사람이 많은데 왜 외국의 가난을 우리 국민이 낸 세금을 가지고 도와야 하느냐는 내부 지향적인 부정론이라고 할 것이다. 대외원조에 대한 이런 복합적 감정은 아마도 대부분의 한국인들이 가지고 있는 생각일 것이다.

그렇다면 정말 한국이 제공하는 원조는 다른 공여국들의 원조보다 수원국들의 발전에 더 도움이 되는 것일까? 한국이 가난했을 때 공여국들로부터 받은 원조를 잘 활용하여 발전을 이루었으니, 한국으로부터 원조를 받으면 해당 수원국의 발전이 더욱 효과적으로 이루어질 것이라는 생각은 어딘지 모르게 좀 어색하다. 일견 맞는 말 같기는 한데 논리적이지는 않다. 하지만 실제로 많은 수원국들이 한국의 원조에 대해 매우 긍정적이라는 것에는 의심의 여지가 없다. 적어도 내가 근무했던 나라들이나, 내가 만났던 나라의 개발업무 담당자들은 한국의 원조에 대해 놀라울 정도로 호의적이었다는 것은 전적으로 사실이다. 마치 K-Pop에 열광하는 수많은 외국 청년들처럼 한국의 원조에 대해 반감이 없었고 적극적으로 반응하고 있었다. 그들은 한국의 원조가 한국이 가진 개발경험을 전수받는 창구가 될 것이라 기대하고 있었다. 또한, 자신들과는 애초 출발선이 달랐던 서구 선진국들과는 달리 개발도상국 출신 한국은 실현 가능한 개발협력의 파트너가 되어줄 것이라 기대하고 있었다. '개발도상국 출신 선진 공여국'은 한국의 ODA 브랜드이자, 개발도상국인 수원국들이 아무런 의심 없이 한국의 원조를 받아들이게 만드는 동질성의 징표라고 할 수 있다. 그래서 한국의 원조는 그 자체로서 특별하다. 이것은 한국의 대(對) 개발도상국 외교에 있어 엄청난 자산이고 한국이 신흥시장과의 접촉면을 늘려가는 데 활용해야 할 중요한 국가전략 포인트이다. 이 점에서 한국의 대외원조는 남을 돕기 위한 원조라기보다 스스로를 돕기 위한 상호 간 발전파트너십의 확장이라고 보는 게 더 타당하다.

밖으로 표현하는 데에는 차이가 있겠지만 본질적으로 수원국들은 선진국들이 제공하는 대외원조에 대해 어느 정도의 반감을 내심 가지고 있을 것이다. 제국주의 시대의 잔재나 패권 경쟁에 따른 정치적 압력, 선진국들의 일방적인 원조방식, 자국의 요구 미반영 등등 이유는 다양하겠지만 개발도상국인 수원국들은 강대국이나 선진국들이 제공하는 원조에 대해 상당한 의구심이 있는 것이 확실해 보인다. 세상에 공짜 점심이 없다는 것은 수원국들도 잘 알고 있는 사실이기에 원조 제공에 따른 청구서가 날아오는 상황에 대해 긴장하게 된다. 이런 정서가 광범위하게 퍼져 있는 글로벌 원조시스템에 혜성처럼 등장한 새로운 선진 공여국이 바로 한국이다. 2023년 한국이 지출한 33억 달러의 공적개발원조(ODA: Official Development Assistance)는 그 크기를 능가하는 특별한 의미가 있다고 생각한다. 최빈개도국에서 60년 만에 일약 선진국으로 성장한 한국은 그 자체로 많은 개발도상국들에 희망을 주었을 뿐만 아니라, 개발도상국들이 협력파트너를 선정하는 데 있어서도 매력적인 추가적 선택지를 안겨준 것이다. 패권국도 아니고 엄청난 영토를 가진 강대국도 아니지만 강대국들이 가지고 있는 산업적ㆍ기술적 능력을 거의 모두 가지고 있는 나라, 그리고 그 발전경로에서 구비해야 할 경험을 스스로 체득한 나라, 국민 대부분이 가난 극복과 금융위기 극복에 참여한 공통의 경험을 가지고 있는 나라, 한국의 등장은 수원국 입장에서는 대외원조 협상의 기본구도를 바꿀 수 있는 대안이 나타났다는 점에서 엄청난 환경의 변화가 생긴 것이었다. 다시 말해 서구 선진국 아니면 압도적 국력을 가진 '남남협력(South-South Cooperation)'[20] 국가인 중국이 두 개뿐인 선택지라고 해도 과언이 아니던 글로벌개발협력시스템에 획기적인 변화가 일어난 것을 의미했다.

또한 강대국이라는 인식보다는 대외원조 수혜국에서 공여국으로 전환한 국가라는 인식이 강한 한국으로부터의 원조는 수원국의 정부 인사들에게 상대적으로 적은 부담을 부과한다. 이제는 더 이상 남남협력 파트너국가로 분류되지 않지만 비슷한 저개발국 시기를 거쳤다는 점에서 한국은 아시아뿐만 아니라 아프리카, 중남미 개발도상국들에게도 같은 개발경험을 한 동료국가(Peer Country)라는 특별한 의미가 있다. 내가 대외원조 업무로 만나본 그 누구도 한국으로부터 위협을 느꼈다거나 한국 원조를 받고 국가의 주권(Sovereignty)에 대한 간섭에 우려를 느낀다고 말한 적이 없다. 에볼라 보건의료선발대 파견 시 예방했던 시에라리온 대통령은 저개발국에서 출발하여 놀라운 발전을 이룬 한국이 의료진을 파견해 주어 특별히 감사한다면서 우리 대표단을 일일이 환영해 주었다. 이처럼 한국의 원조는 기술이전, 위기극복 지원 및 역량개발, 투자 확대의 창구가 되지만 강대국의 패권 확산과는 전혀 관련이 없는 우호적이며 동질성을 가진 원조라는 인식이 이미 전 세계적으로 확산된 것이다. 그래서 나는 한국의 대외원조의 미래에 대해 큰 기대를 갖는다. '패권을 추구하지 않는 진정한 국가발전의 파트너'가 되는 것은 한국이 나아갈 개발협력정책의 미래이며 우리가 겪었던 가난에 고통받는 저개발국가들에 희망을 주는 것이라고 생각한다. 이것은 동서남북이 모두 막혀있는 대한민국이 대외원조를 통해 세계 각 지역에 있는 개발도상국들과 연계되어 더 큰 발전을 이루는 전략적 기회가 될 것이다.

대외원조, 그 빛과 그늘

같은 원조, 왜 결과는 이렇게 다를까?

나는 아프리카에 근무하면서 선진국들의 대외원조가 저개발국들의 발전에 실질적인 도움을 준다는 견해에 대해 의문을 갖게 되었다. 그렇게 생각하는 데 명확한 논거가 있었던 것은 아니지만 들판 한가운데 나 있는 양방향 8차선 고속도로 인근 마을에 사는 주민들은 그 고속도로를 자기들의 것으로 생각하는 것 같지 않아 보였기 때문이다. 고속도로는 생겨났는데 사람들의 편의와 복지는 별반 개선되지 않은 이상한 결과가 생긴 것이다. 우리 경부고속도로 완공이 가져온 변화에 대한 반응과 비교하면 사뭇 다른 반응이었다. 오히려 도로 양옆의 가로등 전구가 없어지는 것은 다반사였고 하룻밤 자고 나면 철제 가드레일이 군데군데 사라진 광경은 매우 흔해 빠진 광경이라서 아무도 이상하게 생각하지 않았다. 그때 나는 대외원조를 받는 나라의 정부나 국민들은 원조를 주는 나라들을 그리 고마워하지 않는다는 것을 현장에서 깨달을 수 있었다. 그들은 원조 받는 것을 그다지 자랑스러워하지 않았으며 일반적으로 별로 탐탁해하지도 않았다. 단지 원조를 직접 담당하는 자리에 있거나 원조 혜택을 받는 사람들만 "굿," "쌩큐"를 별 감흥 없이 반복하고 있다고 느꼈다.

그러나 이것은 모든 수원국들이 원조에 대해 보이는 태도는 아니다. 한국의 1970년대, 1980년대를 돌이켜보면 이러한 생각은 근거가 없다는 것을 쉽게 알 수 있다. 개발도상국이면서 많은 대외원조를 받는 당시 대표적인 수원국이었던 한국에는 매우 역동적인 사회 분위기가 형성되어 있었다. 매년 10%를 넘나드는 높은 경제성장률을 기록하면서 정부와 국민들은 '하면 된다'라는 자신감에 가득 차 있었다. 원조를 받아서 위축되어 있다기보다 원조를 받으면 성공한다는 확신이 가득 차 있었다. 그러한 자신감은 대외원조를 받으면 그 원조액보다 몇 배, 몇십 배의 대가를 얻을 수 있다는 긍정적 인식을 형성했다. 다시 말해, 몇 번의 성공으로 대외원조가 발전을 견인할 수 있다는 생각이 국민들에게 생긴 것이다. 그 결과로 정부는 외국의 차관 유치에 매우 적극적이었다. 그 당시에 차관 도입은 성장을 보장하는 보증수표로 인식되었다. 한국의 경제개발 초기에 있어서는 근대적 산업의 대규모 투자, 즉 사회간접자본으로부터 자동차, 제철, 선박 등의 중공업에 이르기까지 모두 외자(차관)로 이루어졌으며, 순수 국내 자본에 의한 투자는 주로 전통적 생산양식에 의한 소규모 공장들뿐이었다는 점에서 외자도입의 중요성을 잘 알 수 있다.[21] 차관을 얻어 추진한 사업은 몇 년 후 제2, 제3의 후속사업을 유발했고, 오래지 않아 한국은 해당 산업분야의 챔피언이 되었다. 차관을 도입한 공무원, 차관으로 추진되는 프로젝트에 참여한 기업, 프로젝트가 건설되고 있는 지역의 주민 모두 발전과 고도성장의 확신에 가득 차 있었고 이러한 확신은 자신의 능력에 대한 자부심을 형성하였다. 당시 한국은 대규모 차관을 연이어 도입하는 수원국이자 채무국으로, 외국의 유상차관을 얻어 프로젝트를 건설하고 있었지만 얼마 후 차관으로 건설한 사업보다 몇 배나 더 큰 프로젝트를 우리 스스로의 힘으로 건설할 것이라는 확신이 깔려 있었다. 이러한 자부심은 경제성장과 도약의 '신호탄'이었다.

한국의 발전과정에서 원조, 특히 미국의 원조가 가지는 중요성은 아무리 강조해도 지나치지 않을 정도이다. 한국은 해방 후 세계에서 가장 가난한 나라 중 하나였을 때 세계 최강국인 미국과 '발전'이라는 공동의 목표로 엮인 것이다. 한국개발연구원(KDI)이 발간한 연구에 따르면 1953~1961년 기간 동안 한국이 접수한 대외원조는 전체 정부 수입(Government Revenue)의 74%, 전체 무역 수입(Total Import)의 85%를 차지할 정도였다고 한다.[22] 이러한 추세는 개발연대 후기인 1970년대 중반을 지나면서 변화한다. 외자 측면에서 미국을 대신해 일본의 역할이 크게 증가한 것이다. 외자 공여 주체별로 볼 때 일본이 57%, 미국이 15%로 이는 한일국교정상화로 대일청구권 자금 등의 유입이 지속 증가한 데 기인하였다. 또한, 미국이 대(對)한국 지원에 대한 부담을 줄이려 한일 국교정상화를 적극 후원한 정책방향과도 일치하는 것이다.[23] 상황이 이렇다 보니 당시 한국의 발전전략의 성패는 대외원조를 얼마나 잘 활용하는지 여부에 달려 있었다. 그리고 국가발전전략의 시발점인 제1차경제개발계획이 성공을 거두면서 한국 정부는 자신감을 갖게 되었고 국민들은 스스로 이룬 결실에 대해 자부심을 갖기 시작했다. 외국이나 국제개발기구로부터 차입한 외자로 사업을 대부분 성공시키고, 습득한 기술을 발전시켜 관련 산업들을 거의 모두 부흥시킨 사례는 한국이 유일하다. '한강의 기적'은 이렇게 태동하기 시작하였다.

이런 이유로 나는 개발도상국들에 발령받아 근무하거나 출장을 갈 때마다 그 나라 정부관료, 일반 국민, 특히 대학생과 청년들의 태도와 열정, 그리고 활력을 유심히 살펴보면서 마음속으로 그 나라의 미래를 그려 보곤 했었다. 1990년대 후반에 자주 출장을 다니던 베트남과 중국에서 나는 그들이 가슴에 품고 있던 성공과 성장에 대한 확신과 열정을 느낄 수 있었다. 1960년대 한국 국민들이 가졌던 발전에 대한 열망과 비슷한 측면이 있는 것 같았다. 다른 개발도상국가들에서는 쉽게 느낄 수 없는, 쿵쿵 뛰는 듯한 맥박처럼 역동성이 있었다. 그리고 20년이 지나 그들은 성장의 열매를 수확하고 있다. 형태와 방식, 그리고 분야는 다르지만, 성공에 대한 확신과 열정, 그리고 자국에 대한 자부심은 발전을 이룬 나라들이 가진 공통점이다. 측정하기는 쉽지 않지만 국민들의 사기(Morale)는 현실에서의 '차이(Difference)'를 만든다. 같은 원조를 받아도 결과는 전혀 다를 수 있다. 수원국의 높은 사기는 '국민적 자부심'을 형성하여 '발전의 선순환(Virtuous Cycle of Development)'을 만들어 내는 것이다.

그러나 대외원조에 대한 긍정적 인식이 국민적 자부심으로 연결되는 것은 쉽게 볼 수 있는 현상은 아니다. 대외원조를 받는 상태에서 상당 기간 높은 경제성장을 이루며 실질적으로 삶의 질이 개선되는 것을 체감한 사회에서만 예외적으로 보이는 현상으로 '발전지향적 정책 기조'와 함께 '대외원조의 투명성'이 전제될 때 가능하다. 대외원조가 발

대외원조, 그 빛과 그늘

전의 촉매제로 작동하게 되면 해당 국가에 대한 긍정적 이미지가 강화되고, 수원국−공여국 간 발전 파트너십(Partnership for Development)이 견고하게 구축되어 선진국의 기술과 경험이 유입되는 창구 역할을 한다. 특히 발전 초기 단계에 있는 개발도상국의 경우, 대외원조를 어떻게 활용하는지에 따라 경제적 상황뿐만 아니라 정치적 상황도 많은 변화를 겪게 된다.

한국이라는 모범 사례와 성공을 위한 조건

Official Development Assistance

ODA

한국의 자부심, 원조받는 나라에서 원조하는 나라로!

2009년 말 우리나라에 대한 OECD DAC 가입심사 (Accession Review)가 끝나고 DAC 정례회의에서 정회원국으로 가입이 확정되던 때가 기억에 생생하다. 한국의 가입을 발표한 Eckhard Deutscher DAC 의장을 비롯해서 Richard Carey 개발협력국(DCD) 국장과 여러 회원국 DAC 대표들이 진심 어린 축하를 건넸다. 당시 DAC에는 22개 서구 선진국들을 제외하고는 일본만이 회원국으로 가입되어 있었다. 한국은 24번째 회원국이 되었으며 비서구권 국가로는 두 번째로 전통적인 공여국 클럽인 DAC에 가입한 것이다.[24]

여느 선진국들이라면 하나의 국제기구 소관 위원회(Committee)에 가입한 정도의 일상적 일이었을 수 있겠지만, 1999년 말까지 세계은행(World Bank)을 비롯한 국제기구들이 정한 수원국 리스트에 포함되어 있던 우리나라에게는 매우 큰 의미를 갖는 일이었고, 세계적으로도 유례가 없었다. 제2차세계대전이 끝나고 전후 국제질서가 확립된 이래로 빈곤국에서 전통적 의미에서의 공여국으로 지위 변경이 이루어진 최초의 사례였다.

따라서 우리 사회 각계에서도 국제적 공여국 클럽인 OECD 개발협력위원회(DAC) 가입에 대해 국가적 차원의 환영과 평가가 있었다. 당

대외원조, 그 빛과 그늘

시 많은 언론들도 '원조를 받던 나라에서 주는 나라로 전환'된 것은 전례 없는 일이라고 찬사를 보내면서 환영하였다. 또한 당연하게도 1950년대 이래로 1990년대까지 선진국들이 제공하는 대외원조를 받아오던 나라에서 2010년 글로벌 대외원조 정책과 규범을 형성하는 공여국협의체에 가입하게 된 것에 대해 국가적으로도 깊은 감흥을 느꼈을 것이다.[25] 즉, 한국의 경우는 세계에서 가장 가난한 국가였다가 선진국으로 발전하는 과정을 중장년 세대가 직접 목격한 매우 특이한 사례이기 때문에 그 감동이 더욱 컸을 것임은 당연하다.

당시 주OECD대한민국대표부에 참사관으로 근무하면서 DAC 위원회 회의에 참관국대표(Observer) 자격으로 참석하다가 정식으로 DAC 대표[26]가 된 나도 개인적으로 큰 감동과 자부심을 느꼈다. 이것은 주어진 것이 아니라 지난 60년간 우리나라가 이룬 노고의 대가였기 때문이다. 지난한 발전의 경로에서 쌓아 올린 대한민국의 지식과 경험을 가지고 수원국의 발전과정에 참여한다는 가슴 뿌듯한 자부심이 일었다.

하지만 OECD DAC 가입이 갖는 더욱 중요한 의미는 대한민국의 개발경험이 세계적으로 인정받고 확산될 수 있는 플랫폼을 갖게 되었다는 점일 것이다. 또한 보다 많은 개발도상국들과 발전파트너십을 구축할 수 있도록 대외공적원조(ODA) 규모 확대에 더욱 큰 관심을 기울이게 될 것이며, DAC의 역점분야인 '원조효과성(Aid Effectiveness)'[27] 이행에도 힘을 쏟게 되어 우리나라의 개발정책 발전에 전기가 마련될 것이라는 점도 큰 의의였다.

이와는 별도로 DAC 가입으로 한국은 전통적 공여국으로서 글로벌 공공재(Public Goods) 증진을 위한 노력에 동참해야 한다는 책무가 생겼다. 개발도상국의 빈곤퇴치, 원조효과성 제고를 공동의 목표로 하여 유상, 무상원조와 기술협력 등의 형태로 개발원조를 제공하는 양자 공여국의 역할을 수행하는 것이다. 한국의 형태별 공적개발원조(ODA)에는 크게 양자 간 무상 ODA와 양자 간 유상 ODA, 그리고 다자간 ODA가 있다. 양자 간 무상 ODA에는 국별 협력사업, 글로벌 연수사업, 해외 봉사단 파견 및 글로벌 인재양성사업, 혁신적 개발협력사업, 시민사회협력사업, 인도적 지원사업, 국제기구 협력사업, 국제질병퇴치기금사업, 경제발전 경험공유 사업이 있다. 양자 간 유상 ODA는 대외경제협력기금(EDCF)으로 원리금을 상환받는 장기 저리 양허성 차관으로 개발사업차관, 프로그램차관, 기자재차관, 민간협력차관, 민자사업차관, 섹터개발차관, 국제개발금융기구앞차관, 민간협력전대차관 등이 있다. 한국 정부는 DAC 회원국으로 국제적 규범에 맞추어 다양한 ODA 지원 방법들을 활용하여 보다 효과적이며 결과 지향적인 ODA를 추진하는 위치에 서게 되었다.[28] KOICA ODA교육원이 발간한 「국제개발협력」에 따르면 ODA 관점에서 한국의 역할은 국제사회에 대한 보답이라는 역할과 개발도상국에 희망을 주는 역할로 요약된다.[29] 한국이 개발도상국 당시 습득한 특별한 개발경험을 DAC라는 전통적 공여국 플랫폼을 활용하여 보편적 개발원조의 원리로 재구성하고, 이를 확산하는 것은 DAC 가입이 한국에 주는 또 하나의 기회의 창이다.

DAC 회원국으로서 ODA 확대를 통해 국제사회에서의 영향력이 증대되면 한국의 외교적 위상이 높아지고 도덕적 자신감도 커지게 되며, 궁극적으로 외교정책공간(Space of Foreign Policy)이 넓어질 수 있다는 측면도 매우 중요하다. 아울러, 성공적 개발경험을 가진 공여국으로서 여러 수원국들과의 경제적인 상호 관계를 다각화하고, ODA에 대한 국민적 합의를 확대하여 산업의 해외시장 진출을 지원하는 것도 DAC 가입의 부가적인 효용이라고 할 수 있다.

한국과 미국의 원조파트너십에서 기적이 시작됐다

대한민국의 발전은 미국의 대외원조와 깊은 관계가 있다. 제2차 대전 이후 전승국이자 세계 최강의 국가로 부상한 미국은 유럽의 대규모 전후 복구사업을 지원하기 위해 1948~1952년까지 마셜 플랜(Marshall Plan)이라는 대규모 전후복구 프로그램을 시행하였으며, 공산주의 확산에 맞서 자유민주주의를 방어하기 위한 트루먼 독트린(Truman Doctrine)을 1947년에 발표하였다. 또한 미국은 유엔 차원에서 UNRRA(United Nations Relief and Rehabilitation Administration) 설립을 주도하여 전쟁으로 피해를 입은 유럽과 아시아 등에 대한 인도적 지원을 제공하기도 하였다. 이러한 미국의 대규모 복구지원사업은 전후 세계질서 형성에 큰 역할을 하였으며, 유럽과 아시아를 공산주의로부터 방어하는 데 그 초점이 맞추어져 있었다. 미국으로부터 막대한 지원을 받은 대표적 국가들로는 한국을 비롯하여 독일, 일본 등을 들 수 있다.

그런데 이들 국가 중 한국은 특별히 예외적이다. 독일은 두 차례 세계대전을 일으킬 정도로 세계적인 강대국이다. 비록 두 번 모두 패배했지만, 미국이 제공한 마셜플랜으로 빠르게 다시 회복했다. 전쟁 이전 이미 모든 지식과 기술, 인재, 조직, 네트워크 등을 다 갖추고 있었

대외원조, 그 빛과 그늘

기에 자금이 지원되자 부흥하는 것은 당연한 수순이었다. 미국과 태평양전쟁을 벌였던 일본 역시 독일과 별반 다르지 않았다. 하지만 한국의 경우는 그야말로 '무에서 유를 창조'한 것이다. 아무것도 없는 데서 번영을 이루었으니 기적이라고 할 수밖에 달리 표현할 방도가 없다.[30]

  미국은 한국전쟁에 참전한 이래로 30년 이상의 기간 동안 한국에 대해 다양한 대외원조 정책과 프로그램을 실행했다. 그 기원은 1948년 8월 미국의 트루먼(Henry S. Truman) 대통령의 내각에 대한 지시로 거슬러 올라간다. 트루먼 대통령은 한국에 대한 원조를 담당할 기관을 결정하라고 지시했고 이에 경제협조처(ECA: Economic Cooperation Administration)가 지정되었다. ECA는 유럽부흥계획을 담당하는 기관으로, 마셜 플랜을 주관한 경험이 있는 중요한 기관이었다. 한편, 미국의 대외원조를 관할하는 경제협력법(Economic Cooperation Act)은 수원국이 ECA의 원조를 받으려면 ECA의 목적 달성을 위한 수원국의 노력을 전제 조건으로 하고 있었기에 이러한 대외원조 조건들을 충족시키기 위한 한−미 간 협상이 개최되어 1948년 12월 '한미원조협정'이 체결된다. 또한 한국 내에서 미국의 원조에 대한 권한을 행사할 기관으로 '주한경제협조처'가 설치된다. 오랜 식민지 시대를 겪은 후, 곧이어 남북분단의 전쟁을 겪은 최빈개발도상국 한국에게 미국이라는 거대한 공여국은 중요한 원조파트너가 아닐 수 없었다. 미국 역시 급속히 확산하는 공산주의의 위협에 맞서기 위해서는 한국은 포기할 수 없는 전략적 교두보라는 사실을 인식하고 있었다. 이러한 양국 상호 간 필요로 한미 양국이 주된 개발협력파트너가 되었으며 미군정 종료 후 미국 정부가 신생국 대한민국에 대한 '부흥원조계획'을 이행하게 만드는 기반이 된다.[31]

    한국전쟁이 끝난 1953년부터 1970년대 중반까지 미국은 당시 금액으로 100억 달러가 넘는 엄청난 원조자금을 한국에 투입[32]하였다. 한국전쟁 직후, 미국은 1954년 입법된 '대한민국 원조법(Korea Aid Act)'을 통해 체계적으로 한국의 경제복구와 산업화를 지원하였는데, 이는 한국 정부가 국가발전전략을 수립·집행하는 과정에서 미국 정부를 상대로 대외원조 협상에 대한 교섭력을 높이는 데 큰 역할을 한 것으로 보인다. 1950년대 미국의 대외원조 담당 관리들은 한국 정부가 안정화를 먼저 추구하고 그다음에 개발을 추구해야 한다고 주장했으며, 전쟁 자금을 조달하기 위한 부채 확대로 인한 하이퍼인플레이션을 통제하고 최소 생존 수준의 생활을 확보하는 데 우선순위를 두어야 한다고 한국 측에 권고하였다. 당시 총 원조의 약 70%는 소비재, 공급품 및 비료, 밀 및 에너지와 같은 원자재 지원이었다. 또한 1950년대 중반부터는 큰 규모의 식량원조가 제공되기도 하였다. 또한 철도건설, 화력발전소 등의 인프라건설과 비료공장, 조선소, 농약공장, 고무공장 등이 미국의 원조를 받았거나 자문 등 간접적인 지원을 받아 건립되었다. 이에 더해 교육 분야에 대한 기술협력도 활발히 진행되었는데 이는 일본이 패망하여 일본인 교사들이 한국을 떠난 후 생긴 공백을 메우는 역할을 하였다.[33]

그런가 하면, 미국은 한국에 대한 개발원조 제공과 함께 대규모 군사원조도 제공하였다. 한국과 미국 양국은 1953년 10월 한미상호방위조약을 체결하여 일방이 공격받을 시 동맹국으로서 즉시 군사적 지원을 제공하는 것을 의무화하였다. 특히 미국의 한국에 대한 원조는 대규모 인프라 프로젝트에 대한 자금 지원, 군사 장비지원과 함께 산업용, 군사용 기술 지원을 포함하고 있었다. 여기서 주목할 점은 미국이 정부 차원에서 '한국경제개발프로그램(Korean Economic Development Program)'을 시행했다는 점이다. 한국경제개발프로그램은 한국이 전후 복구를 이루고 자립경제를 구축하는 데 필요한 자본과 기술을 제공하기 위한 것으로, 한국전쟁으로 파괴된 인프라를 복구하고, 식량과 자원의 생산성을 향상하고자 원조 자금 지원, 기술 지원, 교육 프로그램 제공과 함께 경공업 중심의 기초 산업 육성을 지원하는 데 중점을 두었다. 이러한 상황 하에서 1962년부터 '제1차 경제개발5개년계획'이 착수되었고, 이어 본격적인 미국국제개발처(USAID)의 지원이 제공되기 시작했다. 계획 수립은 경제기획원이 작성하였고 정부 최고의사결정기구에서 확정되었다. 1965~1966년에는 USAID의 지원으로 미국 고문단이 한국의 경제기획원(EPB)에 파견되어 상주하면서 계획 지침부터 계획서 작성까지 폭넓게 참여하였다.[34]

발전을 위한 협력이라는 측면에서 한국경제발전프로그램 설치와 운영은 양국 모두에게 중요한 전략적 기회를 제공하였다. 미국의 대외원조가 한국과 미국 모두에게 자국의 전략목표를 달성하는 데 큰 기여를 할 수 있었다는 것은 한국과 미국 간 원조협력이 성공적으로 계획

되고 진행되었다는 의미였다. 즉, 대외원조가 추구하는 원조의 궁극적 목표를 달성하는 데 성공적이었다고 해도 과언이 아닐 것이다. 미국은 자국의 세계 전략 차원에서 한국의 경제발전을 통해 동아시아 지역 내 안정과 공산 세력의 확산 저지하는 목표를 이루려 하였다. 이를 위해 개발도상국이 혼자 힘으로는 획득할 수 없는 고급 기술을 전수하고 다양한 분야의 전문가를 파견하여 한국의 경제개발계획 수립을 여러 방면으로 지원했다.

한국은 공산주의 세력 확산 저지에 대한 미국의 절대적 지지가 계속될 것이라는 확신 하에 미국의 대외원조를 활용[35]하여 인프라 구축, 발전을 위한 기관형성(Institution for Development), 인력교육, 농업생산력 강화[36] 등을 추진하는 동시에 미국의 군사원조를 받아 안보 위협을 분담함으로써 국방비 절감과 군 근대화를 도모할 수 있어, 최빈개발도상국이 가지고 있던 후진성을 빠르게 탈피할 수 있었다. 이처럼 한국경제발전프로그램은 원조의 제공뿐만 아니라 원조의 관리를 위한 파트너십을 동시에 제공했으며 원조 성과를 개발프로젝트의 성과와 연계해서 주기적으로 평가하는 피드백 프로세스를 도입함으로써 원조 효과성(Aid Effectiveness)을 제고하는 결과를 가져왔다.

특히 미군정이 끝난 직후인 1950년대, 한국과 미국은 한국경제발전프로그램(KEDP)을 통해 '전략적 원조파트너십'을 구축할 수 있었으며 이러한 협력기반은 한국 정부의 주도로 1960년대 초부터 진행된 경제개발5개년계획을 추진하는 기초가 되었다. 물론 한국이 추진한 많은 개발프로그램들은 미국의 원조를 받았던 것은 사실이다. 그러나 한국은 공여국의 요구와 공여국의 정책우선순위에 추종하여 개발사업을 진행한 것이 아니라 스스로 정책결정자가 되고 발전전략의 주체가 되어 경제발전과 산업화를 이루어 간 것이다. 사업의 목적, 규모, 성격은 물론 사업 추진 방법을 놓고 공여국과 수원국 사이에 이견이 빈번히 발생했고 크고 작은 마찰도 끊이지 않았다. 그러나 양국 간 협력은 계속되었고 협상도 중단되지 않았다. 여기서 대외원조파트너 간 가장 필요한 것은 '목표의 공유'라는 것을 알 수 있다. 비록 발전정책을 추진하는 데 있어 핵심 공여국과 개별사업이나 프로그램에 대해 이견이 표출된다 할지라도 전체적으로 큰 틀에서 목표를 공유한다면 하위목표 설정 과정의 불일치나 집행 과정에서의 마찰은 해소될 수 있다.

예컨대 1960년대 그리고 70년대 한국 정부가 국가발전전략을 수출주도형 산업화로 정하고, 포항제철 건립, 중화학공업 육성 등을 추진했을 때 가장 중요한 공여국인 미국은 이러한 한국 정부의 발전전략에 전적으로 동의한 것은 아니었다. 한국 정부는 스스로 수립한 국가발전전략의 이행을 위해서 미국의 기술과 자본을 필요로 했으나 미국 정부는 상당히 많은 개발프로젝트에서 한국 정부와 생각이 달랐다. 물론 한국 정부가 추진한 수출주도형 산업화 전략은 가난한 개발도상국인 한국이 이루어 내기엔 대단히 버거운 것이었다. 그러나 한국은 발전을 이루어 냈고, 이견의 조정 과정에서 한국과 미국의 파트너십은 꾸준히 유지되어 경제와 산업 전체를 포괄하는 전략적 파트너십으로 심화되었다.

개발도상국이 국가발전을 이루는 데 필요한 기초

내가 개발협력 업무를 담당하면서 가장 많이 고민했던 문제는 "왜 어떤 개발도상국은 국가발전을 이루는 데 성공하고 어떤 개발도상국은 그렇지 않은 것일까?"라는 것이었다. 많은 개발도상국들에 출장을 가보았고, 아프리카, 중남미, 중동부 유럽에 근무하기도 하였지만 이 질문에 대해 직관적인 해답을 얻을 수는 없었다. 개발 프로그램에 성공한 사례와 그렇지 않은 사례의 차이는 사후적으로는 설명이 가능했으나, 사전에 성공의 조건으로 제시하기는 어려운 점이 많았다. 비슷한 여건이거나 심지어 더욱 열악한 여건에서도 어떤 나라는 성공하고 어떤 나라는 실패한 나라(Failed State)가 된다. 출발선이 중요하지만 결정적인 것은 아니다. 나라마다 처해있는 상황과 여건이 상이하므로 단순하게 성패를 가르는 몇 가지 궁극적인 이유를 제시할 수는 없겠지만 발전을 이루는 데 필수적인 요소들을 찾아볼 수 있을 것이라는 생각이 들었다. 경제학적 분석이 아니라, 개발협력이나 대외원조 활용 측면에서의 분석을 통해 개발도상국들의 발전에 대한 기본적 여건을 점검하는 것도 필요할 것이라는 생각도 들었다.

개발도상국이 발전을 이루기 위해서는 기본적으로 어느 정도의 정치적 안정과 치안 확보가 이루어져야 한다. 시민들의 일상생활이나 의사표현의 자유가 상당 수준 보장받지 못하는 상황에서 효율적인 거버넌스가 작동하는 것은 사실상 불가능하며, 이런 환경에서 투명하고 책임 있는 정부 운영 및 법치 확보가 이루어지기 어렵게 된다. 수시로 폭력적인 소요사태가 발생하고 정권이 붕괴되는 등 심각한 불안정 상황이 발생하거나 갱단이나 마약 조직에 위협으로 치안이 불안하다면 발전의 수레바퀴를 돌리기 어렵다.

정치적 안정이나 치안 확보뿐만 아니라 공정한 사법제도 운영도 중요하다. 법의 지배 원칙(Rule of Law)이 올바로 정립되어 있지 않고 사법기관이 특정 계층 또는 집단들에 의해 장악되거나 좌지우지되는 이른바 '포획된 사법 시스템(Captured Judicial System)'[37] 아래에서는 개인이나 기업의 자유롭고 공평한 경제활동이 보장될 수 없게 되어 문제가 된다. 이런 경우 공여국의 대외원조 재원(장기저리 차관이나 무상원조 재원)은 오히려 특혜를 조장하거나, 경제적 불평등을 심화시키는 작용을 하기도 한다. 이런 면에서 부패척결이나 사법정의가 없는 원조의 효과성 강조는 공허한 구호가 될 것임은 말할 필요도 없다.

정치지도자나 정부의 리더십 또한 발전을 이루는 데 필수적 요소이다. 국민들을 통합하여 발전과 번영을 국가의 목표로 세우는 일은 지도자나 정부가 최우선적으로 해야 할 일이다. 지도자 또는 정부의 리더십이 작동하기 위해서 권력이 실제적으로 유효하게 행사되고 있어야 하며, 정당성 있는 권위에 기반해야 하고, 또한 심하게 부패하지 않아야 한다. 권력이 올바로 행사되지 않으면 아무리 많은 원조를 받아도 발전이 이루어지기는 어렵다.

덧붙여 국민적 통합도 간과할 수 없는 중요한 요소이다. 많은 개발도상국들은 민족, 종교, 언어, 문화 등의 차이로 분열이나 마찰을 겪고 있으며, 정도가 심한 경우 내전으로 악화되는 경우까지 발생한다. 이러한 단계에 이르면 국가발전을 꾀하는 것이 매우 어렵게 될 수 있으므로 마찰이 일어나는 상황이 분열로 악화되지 않도록 전략적으로 갈등관리를 해나가는 것은 중요하다. 갈등은 대부분 불공평하거나 불평등한 처우나 가치 배분 과정의 문제에서 발생하므로 국가발전전략을 수립하고 시행하는 정부는 '가치 배분 시스템(Value Distribution System)'을 상시 점검하고, 대표관료제(Representative Bureaucracy)[38], 공정한 선거시스템, 사회적 소수자 보호시스템 등을 적극적으로 도입하여 갈등이 분열로 전환되는 것을 차단하는 메커니즘을 도입할 필요가 있다.

아울러 개발도상국은 자체적인 기술개발능력이나 기술혁신능력, 그리고 기술도입능력이 상대적으로 낮다는 점을 고려하여 발전전략을 수립하는 것도 매우 중요하다. 무역이나 투자를 개방하고 확대하는 것은 해외시장을 확대하고 외화를 획득한다는 측면도 있지만, 외국의 선진기술이 도입되는 창구가 된다는 측면도 간과할 수 없다. 선진기술을 흡수할 수 있는 기반을 갖추고 공여국으로부터 원조를 받을 때 선진기술을 이전받아 이를 자체 기술력으로 전환하는 선순환 구조를 형성해 두는 것은 후일 대외원조로부터 탈출하기 위한 출구전략을 마련하는

대외원조, 그 빛과 그늘

데 중요하게 작용할 것이다.

개발도상국이 발전의 선순환 구조를 만들기 위해서는 개발협력 파트너가 필요하다. 개도국은 중점 분야별로 최선의 협력파트너를 선정하여 발전목표를 공유하고 상호 호혜적이며 보완적인 협력을 도모하는 외교정책을 적극 추진해야 한다. 개발도상국의 외교정책에 따라 개발성과에 큰 차이가 날 수 있으므로 개발파트너의 선정, 중점 추진해야 하는 분야와 프로젝트, 정치적 영향력, 산업구조에 대한 영향, 기술도입의 용이성과 조건, 안보 측면의 영향, 국민들 간 교류 측면의 변화, 대외원조파트너십 형성과 관련된 교섭 조건, 상호보완성의 정도 등을 면밀히 검토하여 발전전략에 반영해야 한다.

CDMA, 선진국으로 가는 길에서 만난 기회

        1996년은 한국의 '기술혁신'에 또 하나의 신기원이 열린 해라고 말해도 좋을 것이다. 코드분할다중접속(CDMA: Code Division Multiple Access) 방식의 이동통신기술이 세계 최초로 상용화된 것이다. 그것도 순수한 한국의 기술력으로 이루어 낸 역사적 쾌거였다. 정부가 출자한 정보화촉진기금으로 연구비를 충당하고 정보통신부 산하 연구기관인 한국전자통신연구원(ETRI), 삼성전자, LG전자, 현대전자, KT, SK텔레콤 등이 참여하여, 그때까지는 군사용 통신기술로만 사용되던 미국 기업 퀄컴의 원천기술을 3년여의 노력 끝에 상용화(Commercialization)한 것이다. 1990년대 초 중소기술기업이던 퀄컴이 개발한 CDMA라는 신기술에 엄청난 예산과 기술인력을 투입한 '모험적 투자'라고도 할 수 있다. 어찌 보면 당시 여전히 개발도상국이었던 한국이 '중진국의 함정'에서 '혁신'을 통해 빠져나오는 시발점이었지만 그만큼 감당해야 할 위험도 컸고, 쏟아지는 우려와 비판에 대한 정부의 부담감도 적지 않았을 것이다. CDMA가 가지는 국가발전에 있어서의 의미는 경부고속도로 건설에 비길 만하다고 할 것이다. 당시 세계 이동통신시장은 GSM(Global System for Mobile Communications) 표준이 시장을 석권하고 있다고 해도 과언이 아닌 상태에서 디지털 통신기술분야에서 그때까지 별로 두각을 나타내지 못하던 한국이 자국의 기술로 상용화시킨 CDMA를 표준으로 채택하고 CDMA 기반의 통신기기 제조와 서비스 개시에 나서겠다고 선언한 것이다.

1990년대 후반에는 GSM을 쓰는 나라에 여행이나 출장을 가면 CDMA 핸드폰은 기술방식이 달라 통화가 되지 않기 때문에 CDMA 표준을 쓰는 나라가 계속 새로 생겨나지 않는다면 꼼짝없이 기술표준에 있어 외따로 떨어진 섬, 갈라파고스가 될 수밖에 없었다. 하지만 GSM 기술을 한국의 이동통신표준으로 채택한다면 편리하기는 하겠지만 한국의 디지털 분야의 산업화는 사실상 불가능했다. GSM은 이미 선진국들이 관련된 기술을 모두 특허로 보호하는 바람에 단순 조립생산 말고는 부가가치 창출도 기술개발의 여지도 없는 상황이었다. 한마디로 진퇴양난이었다. 선발 개발도상국으로 올라선 한국이 온갖 노력을 다해 겨우 기술혁신을 디지털 분야에서 하나 이루었는데 아무것도 못 해보고 그간의 노력이 물거품이 될 수도 있는 판국이었다. 이때 1994년 12월 새로 출범한 정보통신부는 CDMA를 한국의 단일 기술표준으로 채택하고 정보화촉진기금을 활용하여 지속적인 상용기술 개발에 나섰다. 정보화촉진기본법에 의거하여 국가정보화계획을 수립하고 정보화분야 발전전략을 선도해 나갔다.[39] 이에 발맞춰 통신기기 및 장비 제조 업체들은 단말기 제조와 관련 기기 생산에 박차를 가했다. 정부 차원에서 CDMA 확산전략을 세우고 이동통신수출진흥전략을 수립하여 청와대에서 직접 챙기기도 하였다. 이미 유럽, 미국 같은 선진국에서는 GSM을 상대하여 헤집고 들어갈 신규 이동통신 시장이 남아 있지 않았다. 기회는 중국이었다. 13억 명의 인구가 있는 엄청난 시장인데 아직 이동통신 네트워크가 전국적으로 깔리질 않은 상태였다. 정보통신부는 통신정책국과 국제협력관실 이동통신해외진출지원팀을 중심으로 CDMA 상용화 분야 기술개발과 국제협력을 강화해 나가는 가운데 잠재적 거대시장 중국의 CDMA 표준 채택에 온 힘을 기울였다. 잘 알려진 것처럼 이동통신표준 경쟁은 가입자 숫자 싸움이다. 절대적으로 불리한 싸움이었지만 2년여에 걸친 노력 끝에 결실이 나왔다. 중국 정부가 GSM과 함께 CDMA를 이동통신 표준으로 채택한 것이다. 그리고 놀랍게도 주요 도시와 성(省)별로 실시된 네트워크 장비 업체 입찰에서 상하이 등 4개 지역 사업자로 한국의 삼성전자가 선정되었다. 드디어 세계 시장이 열린 것이다. 당시 중국에 파견되어 막바지 수주 경쟁을 하던 우리 대표단에서는 환호가 터져 나왔다. 기적적인 일이었다. 가려져 있던 기술을 먼저 상용화시키고 민관 협력의 시장 확대 노력을 한 덕분에 첨단 기술의 각축장인 이동통신분야에서 당시만 해도 개발도상국이며 한참 뒤떨어진 후발주자 한국이 일약 선두 그룹에 합류하면서 기술우위를 선점하게 된 것이다. 이는 IMT-2000, 3G, 4G, 5G, 6G로 이어지는 이후 통신기술발전 과정에 한국이 미국, 핀란드, 일본 등 몇몇 선진국 중에서도 가장 앞선 국가 중 하나가 되어 연속적인 발전과 빠른 기술 진보를 이루는 선순환으로 이어졌다. 군사용 기술의 상용화 도전은 실패의 위험이 매우 큰 모험이었지만 후발주자가 이룬 혁신의 성과를 시장에서 인정받기 위한 고육지책이었다. '중진국의 함정'에서 빠져나오는 가장 중요한 첩경이 누적된 기술혁신이라면 CDMA 세계 최초 상용화와 표준 확산은 한국이 '중진국 함정'을 극복하는 데 있어서 결정적 승부수 중 하나였던 것은 분명하다.

물론 CDMA 상용화는 대외원조와는 무관하다. 오히려 한국이 혁신적 마인드로 그때까지 군사용으로만 사용되던 미국 기업의 기술을 상용화한 것이다. 이 일로 당시 중소기술기업이던 퀄컴은 일약 세계 최고 기업의 반열에 올랐다. CDMA 사용자가 늘어날수록 퀄컴의 로열티 수입도 늘어났고 한국산 휴대폰 판매 시장도 늘어나는 Win-Win 구조가 만들어졌다. CDMA의 성공은 발전전략의 관점에서 본다면 '정보통신부(MIC)'라는 발전 선도 부처의 설립과 통신기술의 발전을 관리하고 혁신을 지속시켜 나갈 한국전자통신연구원(ETRI)의 기능 강화를 전략적으로 연계한 기관형성의 사례였다. 또한 설립된 기관이 혁신을 추진하는 데 있어 이를 재정적으로 지원하기 위한 기금설치, 즉 정보화촉진기금의 조성과 활용은 매우 전략적으로 진행된 혁신관리 (Innovation Management)의 모범 사례라고 할 수 있다. 그리고 이에 더해 민간과 정부의 협업을 통한 시장 확대는 과감한 발전전략의 주도면밀한 이행이라고 해석할 수 있다. 1990년대 CDMA 상용화를 시작으로 진행된 한국의 통신기술 혁신은 흥미롭게도 1960년대 시작된 경제개발5개년계획과 닮은 점이 많다. 특히, 기관형성이란 측면에서 경제기획원(EPB)과 정보통신부(MIC), 한국과학기술연구원(KIST)과 한국전자통신연구원(ETRI)이 많이 닮았다. 국가발전론의 이론을 빌린다면

'발전국가(Development State)' 한국이 정부와 민간이 공동으로 부가가치가 매우 높은 핵심기술분야에 과감하게 투자하여, 혁신을 통해 추격자(Follower)에서 선도자(Leader)로 변모한 사례라고 할 수 있다. 한국은 CDMA 이외에도 반도체 등 여러 핵심 분야에서 놀라운 기술혁신을 만들어내며 축적된 혁신을 통해 '중진국의 함정'을 넘어 선진국으로 도약하였다.[40] 어떤 개발도상국도 성공해 본 적 없는 성과였고 발전을 이루는 교과서적 매뉴얼이라 할 수 있다. CDMA 상용화는 한국이 선진국으로 나아가는 길목에서 스스로 만들어낸 역사적인 기회였다.

성공적인 대외원조 전략을
위해 고려해야 할 요소

Official Development Assistance

ODA

세상에 공짜 점심은 없다

대외원조는 '무상원조(Grant Aid)'와 '유상원조 (Concessional Loan)'로 구분된다. 무상원조란 단어를 말 그대로 해석하면 공짜 원조, 즉, 갚지 않아도 되는 원조라는 말이다. 유상원조는 반대로 원금과 이자를 갚아야 하는 원조라는 말이다. 그렇다면 무상원조는 정말 갚지 않아도 되는 원조이고, 유상원조는 원금과 이자만 갚으면 되는 원조일까? 이 질문은 우리 정부 안에서도 외교부와 기재부 그리고 국무조정실 간에 오랜 기간 논의되었으며, 형식은 약간 다르지만 DAC 회원국 사이에도 어떤 원조가 보다 효과적인가에 대해 논쟁이 있었다. 하지만 이러한 구분은 매우 단순하고 형식적이어서 대외원조가 만들어 내는 개발협력 파트너십이나 실질적인 개발효과와의 관련성을 찾아내지 못한다. 심지어 대외원조를 통해 공여국과 수원국 간 정치적·경제적·외교적 협력관계가 형성되는 것을 설명하지도 못한다.

하지만 실제로는 대외원조를 매개로 하여 공여국과 수원국 사이에 매우 다양한 협력관계가 생겨나고 변화한다. 그리고 그것은 종종 무상인지 유상인지의 구분을 뛰어넘는다. 또한 어떤 형식의 원조가 발전에 더 효과적인지, 또는 빈곤감소에 더 효과적인지와는 별개로 개발협력 파트너국가 간 협력관계가 형성된다. 외교관계가 더욱 밀접해지기도 하고, 개발협력외교가 경제외교나 자원외교, 통상 관계로 변모해 나가기도 하고 발전동맹으로 전환되기도 한다. 따라서 개발파트너 국가의 외교담당 부서는 대외원조를 주거나 받을 때 개발협력의 범위를 넘어선 대외원조의 전략적 측면을 반드시 검토하고 관리해 나갈 필요가 있다.

지구상에 존재하는 국가 중 절대다수의 국가가 개발도상국이다. 그리고 많은 개발도상국들이 오랜 기간 선진국들의 원조에 의존하며 지내고 있다. 이런 국가들의 마음속에는 원조는 무료이기 때문에 받을수록 득이 된다는 생각이 깊이 자리 잡고 있을 것이다. 그러나 수원국은 어떤 공여국으로부터 원조를 받기 전에 반드시 자국이 제공해야 하는 대외원조 수혜의 대가에 대하여 깊이 고민해야 한다. 이것이 세상살이의 이치이다. 공여국으로부터 원조를 받으면서 수원국은 '세상에 공짜 점심은 없다'라는 사실을 명심해야 한다. 수원국이 이 점을 인식하지 않는 순간 원조를 제공하는 공여국과의 관계는 갈등을 빚게 되기 십상이며, 최악의 경우 개발협력파트너십이 오래 가지 못할 수도 있다. 무상원조라고 해서 공짜라는 말이 아니며, 유상원조라고 해서 빌린 만큼만 돌려주면 끝이란 말도 아니다. 즉, 수원국의 기본적 교섭 입장(Negotiation Position)은 수원국이 일정한 상황에서 기꺼이 제공할 수 있는 '대외원조의 대가'가 무엇인지를 파트너십 맺기를 희망하는 공여국에 제시하는 것이다. 물론 제시할 대가는 일정한 형식이 정해져 있지 않다. 명시적일 수도 있고 암묵적일 수도 있고 상징적일 수도 있다. 금전적 대가일 수도, 경제적 대가일 수도, 문화적 대가일 수도 있다. 여기에는 정해진 방식은 없다. 하지만 적어도 주된 개발 파트너가 될 국가들 간의 관계라면 양국 간 원조의 대가 문제는 진지하게 고민해 보아야 할 문제이다. 어쩌면 이 문제는 대외원조의 형식을 띤 양국 간 고도의 정치적 · 외교적 교섭의 문제가 될 수 있다.

수원국의 이러한 교섭 입장, 즉, 수원국이 제공 가능한 원조의 대가는 대단히 현실적이어야 하며, 일관성을 가져야 하고, 최고의사결정기관에 의해 승인된 것이어야 하며, 수원국이 포기할 수 있는 국익의 최대치를 고려한 것이어야만 주요 공여국들과의 협상에서 실제로 활용될 수 있다. 이런 이유로 수원국이 대외원조를 자국의 국익을 위해 활용하는 발전의 매개체로 만들고자 할 때 교섭 입장은 매우 중요하다. 대외원조를 받을 때 관철해야 하는 교섭 입장은 수원국의 국가발전전략 및 발전목표와 직접적으로 연계(Align)되어 있어야 함은 물론이다.

해당 공여국이 제공하는 원조의 상대적 규모에 따라 '대외원조의 대가'가 달라지겠지만 가장 중요한 것으로는 외교관계의 개선과 우호관계 강화, 경제협력과 산업교류 강화, 기술 및 교육 분야 협력 강화, 문화교류 강화 등이 있을 수 있다. 이때 수원국인 개발도상국은 공여국과의 분야별 관계 강화 방식을 자국의 국가이익에 가장 부합하는 방향으로 유도하고 교섭해야 한다. 아주 작은 규모의 대외원조는 공짜 점심일 수도 있고, 시혜(施惠)일 수도 있다. 한번 주고 잊어버릴 수도 있고 한번 받은 걸로 끝낼 수도 있다. 상호 간에 의미 있는 규모의 협력이 아니라면 발전에 대해 영향도 없고 협력이 가져오는 효과도 미미할

대외원조, 그 빛과 그늘

수 있다. 말 그대로 분절적 원조(Fragmented Aid)가 될 우려도 있을 것이고, 상당 부분의 재원이 1회성으로 낭비될 가능성도 있다. 그러나 큰 규모의 원조, 장기간 지속되는 원조는 공짜 점심이 될 수 없다. 이때 개발도상국 입장에서 공여국의 원조와 기술협력을 자국의 발전에 활용하고자 한다면 상대와 무엇을 놓고 교섭할지를 먼저 생각해야 하고 준비해야 한다. 장기적으로 국가발전에 성공한 개발도상국들은 탁월한 대외원조 교섭력을 발휘한 경우가 많다.

한국은 한국전쟁에 미국이 참전하고, 이후 한미상호방위조약을 체결할 때, 그리고 전후 미국으로부터 원조를 받을 때 한국 정부는 공산주의와 마주 선 최전선으로서 한국의 지정학적 중요성을 미국과 협상 시 교섭 입장에 포함시켰다. 이후 경제개발5개년계획 이행 과정에서도 한국 정부는 이러한 한-미 간 안보 전략상 중요성을 원조 교섭에 중요한 카드로 활용하였다. 미국으로부터 대외원조를 받고, 그 원조를 한국의 국가발전전략 우선순위에 따라 배분하기 위해서 치열한 교섭이 전개되었다. 한국의 교섭 입장은 한국이 미국의 대외원조에 대한 대가로 제시한 반대급부였다. 특히 제2차 5개년계획에 미국은 자문단을 한국의 경제기획원에 파견할 정도로 매우 적극적 자세로 한국을 지원했는데[41] 미국의 대(對) 한국 지원에는 한국군의 월남파병, 제1차 5개년계획의 긍정적 성과 등 한국의 교섭 입장이 유리해진 데도 영향이 있을 것이다.

이처럼 수원국의 반대급부는 수원국의 자국 국가발전을 위한 전략적 입장에서 도출된 결과물이다. 그중에서도 대외원조의 정치적 대가는 매우 민감한 분야이다. 대외원조를 제공하는 조건으로는 동맹관계의 체결, 국제무대에서의 공조, 치안분야 협력관계의 강화, 세계 전략에 있어서의 입장 조율, 공여국의 핵심 정책의제에 대한 지지 등을 들 수 있다. 때로 이러한 정치적 · 외교적 교섭의 결과는 양국 관계를 근본적으로 규정하게 되기도 하므로 이러한 상황에서 해당 수원국은 매우 신중한 태도로 교섭을 진행해야 하고, 자국의 협상 입장 제시와 타협을 통해 국익을 최대한 확보할 수 있도록 하는 것이 중요하다. 자칫 소홀하면 수원국 정부 자신도 모르는 사이에 자국의 정치적 입장이 정해지기도 하고 국제무대에서 자국이 속해있는 진영이 정해지기도 하니 매우 신중하게 대외원조 교섭에 나서야 할 것이다.

한편, 대외원조에 대한 경제적 · 산업적 대가는 선택적으로 제공되는 경우가 많다. 개도국이 공여국으로부터 인프라 구축을 위한 차관을 제공하는 경우, 해당 공여국이 제시하는 기술 방식을 채택하거나, 자재 · 장비를 사용하거나, 시공회사를 선정하는 등 다양한 협력의 대가를 제공하기도 한다. 내가 근무했던 파나마는 일본으로부터 장기저리 차관을 도입하여 도시철도를 건설하면서 시공은 한국 기업들에 맡기고, 열차는 일본에서 도입하는 등 다각적인 개발협력 파트너십을 구축하였다. 이 과정에서 기술협력은 한국과 일본으로부터 받으면서, 운영기술 능력을 제고하기도 하였다. 앞으로 계속해서 건설될 도시철도 시스템 운영에 대한 대비를 시공업체와 차량공급업체를 통해 효율적으로 하려는 전략이다.

OECD 개발원조위원회는 원조를 제공하는 공여국이 사업프로젝트를 수주하는 것을 구속적 원조(Tied-aid)로 분류하여 제한하고 있지만 원조 제공 국가가 해당 프로젝트에 주도적으로 참여하는 것이 부적절한지 여부에 대해서는 의견이 다양하다. 그 프로젝트에 가장 적합한 기술적 · 경제적 · 산업적 솔루션을 제공할 수 있는 국가도 바로 해당 공여국일 경우가 많기 때문이다.

수원국이 대외원조에 대한 경제적 · 산업적 대가를 선택함에 있어 중요하게 고려되어야 하는 것은 해당 공여국과의 '상호보완성(Complementarity)' 정도이다. 예를 들어, 수원국의 산업기반이 취약하고 사회간접자본(SOC)을 건설할 기술과 자본은 없으나, 자국이 위치한 지역 내 국가들과의 연결성과 투자 측면의 입지가 우수하다면, 산업 생산 능력이 강하고 인프라 투자 및 건설 경험이 많으며 장기저리의 금융 제공이 가능한 공여국의 기업들에 보다 우호적인 시장진출 조건을 제시해 주는 것이 국익에 부합될 수 있다. 이처럼 경제 규모나 인구 규모가 매우 작은 국가들의 경우, 어차피 산업 생산력의 증가나 자국 기업을 통한 인프라 구축은 당초부터 발전목표에 포함되어 있지 않기 때문에 원조를 매개로 진출한 해당 공여국의 기업들과 장기적이며 안정적인 협력 기반을 조성하는 것이 현명한 선택이 될 수 있다.

다만, 원조 과정에서 수원국이 공여국에 경제적으로 종속되는 현상도 발생할 수 있기 때문에 유의하여야 한다. 공여국과 수원국 양국 간 경제 규모나 기술 수준의 차이가 클 경우, 경제적 종속 현상이 발생하기 쉽다. 또한 수원국의 교류나 경제협력의 대상국이 소수 국가로 한

정될 경우, 그러한 현상은 더욱 빈번히 발생한다. 대외원조 파트너국가 간 종속 현상이 발생하면 수원국은 자국의 이익을 극대화하는 국가 발전계획을 수립·집행할 수 없게 되는 문제가 생긴다. 왜냐하면 해당 수원국의 경제운용은 특정 공여국의 경제정책과 경제 상황에 밀접하게 연계, 종속되어 독자적인 정책을 시행할 수 없게 되기 때문이다. 그리고 일단 특정 공여국 경제에 종속되기 시작하면 경제적 의존성이 계속 심화되는 경향이 있으므로 이후 어떤 정책을 쓰더라도 종속 현상을 불식시키기는 쉽지 않다는 것을 유의하여야 한다.

그렇다면 대외원조를 제공하는 '공여국이 추구하는 원조의 대가'에는 어떤 것이 있을까? 각각의 공여국은 자국이 대외원조를 통해 달성하고자 하는 목적을 가장 잘 수용할 수원국을 자국 원조의 주된 파트너 국가[42]로 선정하려 하는 경우가 많다. 공여국들이 자국의 대외원조를 받는 수원국들에 직간접적으로 요구하는 원조의 조건 또는 원조를 통해 달성하고자 하는 목적들은 다양한데 대체로 해당 수원국 또는 지역에 대한 정치적 영향력 투사, 경제적 이익 추구, 문화적 교류 확대, 안보와 치안 협력을 통한 자국의 안전 강화, 인도적 목적 달성, 특정 국가와의 전략적 파트너십 구축, 국제평화 유지와 안보, 자원 확보, 자국의 국제적 이미지 개선, 해외 각 지역과의 연결성 강화, 인프라 구축 및 운영 기반의 확대, 안보와 번영을 위한 외교적 영향력의 확대, 국제적 책임 증대와 자국 기업의 해외 진출 강화, 새로운 경제적 기회 창출이나 지속 가능한 발전 기반 확충, 기후변화, 생태계 보호, 인권 등 글로벌 어젠다 강화 등이 거론될 수 있을 것이다.

수원국에 대해 원조를 제공하는 공여국, 특히 큰 규모의 원조 공여국은 OECD DAC 회원국이든 아니든 간에 대개는 명확한 대외원조의 목적을 가진다. 수원국과 양자 관계에서 목적, 즉 대가를 추구하든, 지역 내 국가들과의 일대다(一對多) 관계에서 자국의 이익을 추구하든, 아니면 글로벌 차원에서의 다자적 목적을 추구하든 간에 자국이 제공한 원조의 목적을 추구하면서 반대급부를 얻고자 노력하는 것이다. 작은 개별 프로젝트 하나하나마다 그렇지는 않겠지만 큰 틀에서의 원조 전략 차원에서는 공여국들도 명확하게 자국에 이익이 되는 원조의 대가를 얻기 위해 교섭을 진행하면서 최적의 개발협력 파트너를 찾고 있음은 당연하다.

지정학적 관점을 반영해야 대외원조 활용전략을 세울 수 있다

나는 개발도상국이 대외원조를 활용하여 국가발전을 보다 효과적으로 이루기 위해서 가장 중요한 요소 중 하나는 주된 원조공여국, 즉, 개발협력의 핵심 파트너국가를 잘 선택하는 것이라고 생각한다. 하지만 현실에서 수원국이 주된 공여국과 협력하여 국가발전전략과 대외원조전략을 조율해 가면서 원조를 추진하는 경우는 본 기억이 별로 없으니 이는 이상주의적 관점이라고도 할 수 있다. 물론 이상과 현실은 차이가 있기에 당연한 이야기일 수도 있지만, 이상과 현실의 격차가 줄어들수록 발전은 그만큼 현실에 가까워질 것이기에 수원국과 공여국은 적어도 형식적으로라도 목표의 공유를 위해 함께 노력해 나가는 것이 필요하다.

앞에서도 살펴보았지만 1950년대부터 1990년대까지 한국의 발전과정에는 미국의 많은 원조와 기술 지원이 있었다. 개발 초기 단계, 저개발국이었던 한국은 제한된 기술 습득 역량에도 불구하고 미국, 일본 등 공여국들로부터 유입된 고급 기술을 빠르고 효과적으로 흡수했다. 놀라운 일이었지만 핵심 공여국이었던 미국의 무상원조와 장기저리 차관 제공, 기술협력과 자문단 파견이 없었다면, 수십 년에 걸친 경제

대외원조, 그 빛과 그늘

개발5개년계획의 단계적 추진과 목표 달성은 매우 어려웠을 것이다. 특히 한국 정부가 역점 사업으로 추진하여 성공을 이루어 낸 당인리화력발전소 건설, 한국과학기술연구소(KIST) 설립, 한국개발연구원(KDI) 설립, 마산수출자유지역 건설, 인천항 부두 건설, 고리 원자력발전소 건설 등 여러 개발프로젝트에는 미국의 원조나 투자 또는 자문이 있었다. 이러한 핵심 개발사업들은 선진기술의 유입창구(Pipeline)로 작용하면서 각 분야에서 한국의 자체 발전역량을 확충하고, 외국의 원조에서 탈피하는 출구전략 수립의 시발점이 되었다.

그렇다면 왜 미국은 그 많은 개발도상국 중 한국을 개발파트너로 선택했을까?

물론, 미국이 별 이유 없이 특별히 한국만을 위해서 국력을 쏟아 무조건적인 지원을 베푼 것은 아닐 것이다. 수원국 입장에서 핵심 개발협력 파트너국가 선정 기준은 국력 또는 경제력, 지리적 거리, 경제적 상호보완성, 안보에 대한 입장과 외교관계의 밀접성, 무역 및 투자의 연계성, 문화적 호감 등 여러 가지를 들 수 있을 것이다. 여기서 핵심 파트너국가의 선정이 특별히 중요한 이유는 단순한 경제적 연계성이나 개발협력사업 지원역량과 같은 대외원조와 직접 관련된 사안뿐만 아니라 안보전략, 동맹관계, 이념, 지역 내 역학관계, 양국 국민이 느끼는 양국 간 교류 관계의 중요성 등과 같은 정치적 · 전략적 요인들이 면밀히 고려되어야 하기 때문이다. 한번 핵심 파트너 관계를 맺으면 거기에 기속될 수밖에 없는 것이고, 그 관계를 절단하려면 더욱 큰 비용을 치러야만 한다.

　아마도 미국은 여러 측면을 종합적으로 고려했었을 것이다. 2차대
전 직후 더욱 커지기 시작한 공산주의의 위협, 그리고 그로 인한 동서
냉전(Cold War)의 격화, 한국전쟁으로 인한 대한민국의 전후 복구 지원
의지와 한국의 공산화를 막기 위한 1953년 한미상호방위조약 체결,
그리고 당시 미국의 대외원조 프로그램 확대 기조, 한국 정부의 강력
한 경제발전 의지와 안보 중시 정책, 한국군의 베트남 전쟁 참전 등 국
제정치적 고려도 크게 작용했을 것으로 보인다. 미국 정부는 동아시아
에서 미국의 헤게모니를 유지하기 위한 전략적 수단으로 한국에 대한
군사적 · 경제적 원조 정책을 추진[43]한 측면이 강하다. 또한 당시 공산
주의 세력의 남하를 저지하는 한국의 지리적 중요성도 미국이 한국을
주요 지원 대상국으로 삼는 데 중요한 요소가 되었을 것이다. 당시 미
국은 한국을 '린치핀(Linchpin)'이라고 하면서 '대(對) 아시아' 정책의 핵
심 국가로 간주하는 등 양국 간 전략적 이해관계를 공유하였는데 이는
발전의 핵심 파트너 관계를 맺는 데 있어 지정학적 측면이 얼마나 중
요한지를 대변한다.

　이처럼 수원국과 공여국이 깊은 개발협력 관계를 형성하는 것은 여
러 가지 사항과 여건들이 고려되어야 하는 일이기에 수원국과 공여국
공히 진정한 의미에서 전략적 이해관계를 같이 하는 개발협력 파트너
국가, 즉 주된 협력국가를 찾기가 어려운 것이다. 개발도상국이 핵심

파트너국가인 주된 공여국과 함께 국가발전전략을 차질 없게 진행하기 위해서는 충분한 개발 재원, 높은 수준의 기술력, 지속적인 지원 능력, 국제정세의 변동성을 지탱할 수 있는 양국 간 신뢰, 발전과정에서 야기되는 수원국-공여국 간의 마찰과 갈등을 해소할 수 있는 다층적 문제해결 메커니즘, 발전의 성과를 공유한다는 합의 또는 인식이 확보되어 있어야 한다. 하지만 이러한 것들보다 때로 더욱 중요한 것은 양국 간 지정학에 기초한 전략적 이해관계의 공유라고 할 수 있다. 개발도상국의 관점에서 바람직한 핵심 파트너국가를 구하는 데 성공했다면, 발전을 이루는 데 있어서 초기적 도전(Initial Challenges)을 극복할 여건을 갖추었다고 할 수 있다. 어찌 보면 저명한 행정학 연구자인 월트 로스토우(Walt Rostow)의 발전단계 이론에서 가장 중요한 변곡점이 생겨나는 구간인 '이륙단계(Take-off)'가 개발협력 측면에서 보면 핵심 파트너국가와 발전프로그램을 공동으로 추진하기로 합의한 것이라고 할 수도 있다.

한편, 이를 공여국 입장에서 생각해 보면, 앞에서 살펴본 것처럼 공여국 역시 아무 대가 없이 특정 수원국에게 대외원조를 제공하면서 개발 파트너십을 체결할 리는 만무하다. "세상에 공짜 점심은 없다"는 진리는 이 경우에도 엄격히 적용된다. 특히 기술, 재원동원력, 국제정치적 영향력 등 여러 측면에서 우수한 능력이 있는 공여국은 아무 수원국에게나 핵심 개발파트너의 역할을 해주지 않는다. 그렇다면 개발도상국이 자국과 협조하여 의미 있는 국가발전 프로그램을 함께 추진할 핵심 공여국을 찾기 위해서는 어떤 전략적 여건들을 검토해야 하고, 이를 어떻게 레버리지로 활용해야 할 것인가를 살펴보는 것이 필요하다.

A국이라는 잠재적 수원국과 B국이라는 잠재적 공여국이 있다고 가정해 보자. 두 나라가 의미 있는 개발협력파트너가 되기 위해서는 양국 간 '특별한 잠재적 이해관계(Special Potential Interests)'를 가져야 하고 이것이 개발협력을 통해 현실화할 수 있어야 한다. 여기서 중요한 포인트는 개발협력의 관점에서 '특별한 잠재적 이해관계'는 무엇이고, 이를 A국, B국이 모두 만족할 수 있도록 어떻게 의제화할 것인가 하는 것이다.

특별한 잠재적 이해관계는 매우 다양하여 특정하기 어렵겠지만 대표적인 것으로 지정학적(Geopolitical) 관계를 들 수 있을 것이다. 지정학적 관련성이 밀접할 경우, A국과 B국은 상대적 국력의 크기나 교역량의 차이 등 물리적 여건에도 불구하고 특별한 이해관계를 가질 수 있다. 이는 수원국뿐만 아니라 잠재적 공여국도 개발파트너십 형성에 적극 나서게 되는 이유가 된다.

예를 들면, 파나마에 소재한 파나마운하(Panama Canal)는 미국의 동부와 서부를 해상으로 연결하는 최단 항로가 되며, 대서양과 태평양을 불과 80km의 수로로 연결한다는 점에서 미국은 파나마에 '특별한 이해관계'를 갖는다고 할 수 있다. 이러한 특별한 이해관계 때문에 미국은 파나마운하를 방어하게 되고, 이를 위해 미 해군은 파나마 해상을 순찰한다. 이처럼 특별한 이해관계 또는 특별한 잠재적 이해관계를 수

대외원조, 그 빛과 그늘

원국과 공여국 양국이 공유하고 있다면, 이것은 대외원조 문제를 협의하거나 협상할 때 매우 중요한 고려 요인이 된다. 특히 수원국이 잠재적 공여국과의 관계에 있어 특별한 잠재적 이해관계를 파악하고, 잠재적 이해관계가 현실화될 때 공여국이 어떤 상황에 놓이게 되는지를 다각적으로 예견함으로써 양국 간 대외원조 교섭 조건에 큰 영향을 미칠수도 있다. 복잡한 지정학적 이해관계가 얽혀있는 지역에 수원국이 위치해 있는 경우, 해당 지역에서 자국 이익을 보다 크게 확보하고자 하는 강대국은 해당 수원국이 제시하는 조건, 심지어 무리한 조건까지도 상당 부분 수용할 수밖에 없는 상황에 처하기도 하는데 이러한 지정학적 관계를 잘 활용하여 교섭 입장을 정한다면 그 수원국은 좋은 결과를 얻을 수 있을 것이다.

대외원조를 매개로 한
발전동맹(Development Alliance)의 형성

원조를 통해 맺어진 양국 간 협력관계는 상대적으로 안정적이다. 수원국과 주된 공여국과의 관계는 다양한 원조프로그램을 매개로 연계되어 있으며 협력 분야와 내용도 매우 복합적이어서 협력네트워크는 지속적으로 확대되는 경우가 많다. 또한 큰 규모의 원조 협력관계를 맺은 국가들은 안보동맹이나 자유무역협정(FTA), 전략적 동반자 관계 등 다층적 협력관계를 동시에 맺고 있는 것이 보통이다. 따라서 이러한 경우, 단순한 공여국과 수원국 간 협력관계라 지칭하기엔 양국의 협력 수준이 너무 높고, 상호 간의 약속(Commitment)의 구속력도 너무 강하다. 이런 점들을 감안하면 양국의 대외협력관계는 '대외원조를 매개로 한 발전동맹'으로 지칭하는 것이 보다 적절하고, 양국 간 협력의 본질도 '국가발전 목표와 전략의 공유'라는 측면에서 바라보는 것이 보다 현실적이다.

대외원조를 활용한 발전동맹의 형성은 수원국과 주된 공여국 정부나 기관 간의 협력을 통해 개발목표 달성을 추구하고, 자원과 기술을 공유하는 협력체계를 구축하는 과정이다. 이 과정은 개발도상국이 실질적 발전을 이루기 위해서 매우 중요한 과정이지만 실제로 구현하기는 매우 어렵다. 발전동맹이 되기 위해서는 장기적으로 정책목표를 공유할 수 있는 기반인 신뢰와 역량, 그리고 양국 국민을 설득하기 위한 단기적 이익 공유에 대한 기대 확산이 필요하다. 수원국과 공여국 양국 국민들로부터 지지를 받는 개발협력 파트너십을 통해 양국 정부가 발전동맹 관계를 맺는 정치적 인센티브가 제공된다.

그 현실적 사례를 찾기가 어려운 데서 알 수 있듯이 원조를 매개로 한 발전동맹은 흔히 볼 수 있는 형식의 공식적 동맹은 아니다. 대부분의 '동맹(Alliance)'은 안보 측면의 국익을 매개로 한 동맹들이다. 물론 안보동맹이 개발동맹적 요소들을 많이 포함하는 경우도 있으며, 수원국과 주된 공여국의 개발협력 파트너십이 오랜 기간 유지되면서 발전동맹과 유사한 형태를 갖기도 하지만 '개발목표와 국가발전전략을 공유'한다는 측면에서는 발전동맹과 차이가 있다. 발전동맹의 유형은 수원국과 공여국 간 관계에 따라 몇 가지로 분류될 수 있다. 강대국과 상대적으로 저개발 수준의 국가 간 발전동맹, 전쟁 등으로 큰 타격을 입은 국가 간 발전동맹, 기술 및 산업적 능력이 뛰어난 선진국과 지정학적 요충지에 위치한 국가 간 발전동맹, 자본동원능력이 높은 선진국과 인프라 확대를 통해 지역 허브국가가 되고자 하는 국가 간 발전동맹 등이 그것이다.

지난 1960~1980년대 '안보동맹'과 '발전동맹'의 성격을 동시에 가졌던 한국과 미국의 사례에서 보듯이 발전동맹이 안정되게 유지되기 위해서는 수원국과 주된 공여국 간 공동의 목표, 다층적 이해관계, 재원의 전략적 활용 역량, 정치 리더십 간 신뢰, 정책조정 메커니즘, 성과 평가와 피드백 기능 등을 구축하여 운영하는 것이 필요하다. 정도의 차이는 있겠지만 수원국과 주된 공여국 간 호혜적 개발협력 프로그램을 진행하는 국가들은 이러한 체계적 관리·조정시스템이 작동되는 경우가 많다.

공동의 목표

발전동맹에 있어서 가장 중요한 요소는 진정한 의미에서 '공동의 목표'가 있는지의 여부이다. 진정한 공동의 목표가 없는 발전동맹은 성립될 수 없다. 발전동맹이 되기를 원한다면 수원국과 주된 공여국은 반드시 공동의 '중요한 목표(Critical Target)'를 가져야 한다. 없다면 강제로라도 만들어서 공유해야 '발전동맹'이 성립할 수 있을 것이다. 개발원조 컨퍼런스에 가보면 대부분의 수원국 또는 공여국 정책담당자들이 개발협력 파트너국가들 간 '공동의 목표'가 필요하다고 강조하며, '공동의 목표'가 있다고 말하는 것을 흔히 보게 된다. 하지만 개발동맹이 성립하는 정도의 '중요한 공동의 목표'는 국가발전전략에 포함되는 수준의 포괄적 목표이어야 하며 일국의 목적 달성이 상대국의 목적 달성이나 국익 실현에 긍정적 영향을 끼치는 것이어야 한다. 따라서 양국 간 국익 실현의 방정식이 '제로섬(Zero Sum)'이거나 서로 영향을 끼치지 않을 경우에는 '발전동맹'이 성립되기 어렵다.

즉, 수원국의 국가발전전략 실현이 주된 공여국의 국익에 정(正)의 효과를 내거나, 주된 공여국의 지속적 원조 제공이 공여국과 수원국의 국익에 모두 긍정적인 작용을 할 때 발전동맹의 필요조건은 충족된

대외원조, 그 빛과 그늘

다. 개발협력관계에 있어서 양국이 '정방향의 논 제로섬 게임(Positive Non-zero Sum Game)'을 할 수 있는 경우에만 중요한 목표의 공유와 이를 위한 개발프로그램의 공동 운영이 가능해지는 것이다.

다층적 이해관계

다양하고 복잡하게 다층적으로 얽혀있는 양국 간의 이해관계는 개발동맹의 체결 필요성을 증대시킨다. 양국의 정계, 각 부처, 공공기관, 기업, 대학, 연구소, 군, 비정부기구(NGO) 등 다양한 주체가 광범위한 협력관계를 형성하여 여러 분야에서 자원을 투입하고, 관련된 전문 지식을 통합한다. 또한 이러한 다층적 이해관계는 특정 협력사업에서의 이견이나 마찰이 양국의 전체적 협력관계를 중단시키거나 변화시키는 것을 방지함으로써 양국 간 각 관련 분야 간의 연계를 강화한다. 초기에는 원조사업을 중심으로 형성되는 네트워크와 이해관계가 협력이 강화됨에 따라 점차 정치, 경제, 사회, 문화 전 분야로 확산되면서 양국 간 공통의 목표와 이를 달성하기 위한 협업 수단들이 더욱 강화된다.

재원의 전략적 활용 역량

'개발동맹'이 형성되기 위해서는 주된 공여국의 충분한 지원 능력과 의지가 필요하다. 개발동맹은 수원국과 주된 공여국이 매우 광범위한 분야에서 공동프로젝트를 수행하고 이를 통해 공동의 목표를 달성하는 것이 중요하므로 주된 공여국은 이를 재정적으로 주도하거나 부족분을 보완할 능력을 가져야 한다. 또한 원조 제공의 안정성과 지속성을 보장하기 위한 제도적 장치가 마련될 필요가 있다.

성공적인 개발협력 파트너십 사례인 1950~1970년대 한-미 간 개발협력에서도 안정적 원조 제공 체제를 구축하는 문제는 매우 중요하게 다루어진 것으로 보인다. 미국은 '한국 전후 경제지원법 (Korean Reconstruction and Development Act, 1952)' '한국 긴급 지원법 (Korean Emergency Relief Act, 1952)'을 비롯하여 경제협력법(Economic Cooperation Act), 대외원조법(Mutual Security Act), 식량 원조법(Public Law 480, Food for Peace Act) 등 법률에 근거하여 한국에 대한 원조를 제도화하면서 한-미 양국 간 개발협력파트너십을 강화하였고, 한국은 이를 활용하여 중장기 국가발전계획을 수립하고 이행할 수 있었다.

정치 리더십 간 신뢰

주된 공여국과 수원국 간 협력은 매우 변동성이 크다. 발전목표에 대해 양국 간 기본적인 동의가 이루어져 있다고 하더라도 개별사업이나 프로그램에 대한 이견은 빈번히 표출된다. 양국 정치 리더십 간 깊은 신뢰가 깔려 있지 않다면 '발전동맹'은 사상누각(沙上樓閣)이 된다. 결국은 발전과정에서 표출된 중요한 의견 차이를 극복하지 못하고 이러한 상황의 반복을 겪으면서 발전동맹은 좌초되기도 한다. 특히 수원국 입장에서 유력한 대안이 되는 다른 공여국이 있는 경우, 중요한 개발프로젝트에 대한 이견은 '발전동맹'의 와해라는 파괴적 상황을 가져오기도 하고, 수원국과 주된 공여국 간 심각한 외교적 문제를 야기하기도 하므로 매우 신중하게 다루어야 한다.

한편, 정치 리더십 간 신뢰가 확고할 경우, 개발사업 추진에 대해 이견이 발생했을 때, 타협의 방법을 제시하기도 하고, 이견이 다른 협력사업으로 전이되는 것을 막기도 한다. 1960~1970년대 포항제철 건설을 두고 한국과 미국 간 이견이 발생했지만, 한국 정부는 미국의 반대를 무릅쓰고 추진하였고 일본의 원조를 받기도 하였다. 이런 우여곡절을 거치면서 미국도 결국 포항제철 건설에 대해 대외원조 제공을 승인하였다. 양국 정치 리더십 간 신뢰가 없었다면 미국의 대(對) 한국 핵심 원조사업들 중 많은 사업들은 아마도 지금과는 다른 형태로 되어 있을 가능성이 크다.

정책조정 메커니즘

'발전동맹'을 구성하는 수원국과 주된 공여국은 긴밀한 정책조정 메커니즘을 가지고 있어야 한다. 정책조정 메커니즘은 통합적이어야 하고 개별프로젝트들의 조정은 물론 전체적인 개발 재원을 관리하는 체제를 구비하고 있는 것이 일반적이다. 1948년부터 1952년까지 시행된 마샬 플랜 당시 미국과 유럽 각국은 공동으로 유럽 회복 계획 사무국(ERA: European Recovery Administration)을 설치하고 원조자금 배정, 개발정책 수립 및 조정을 담당하게 하였다. 또한 1960년대 한국의 경제발전을 지원하기 위해 미국은 수원국이던 한국과 함께 한·미 경제협력위원회(Korea-U.S. Economic Cooperation Committee)를 설치하여 미국의 원조 및 기타 경제 지원을 조정하고, 원조 사업의 방향성과 구체적인 실행 계획을 협의하였다.

수원국과 주된 공여국 간 정책조정 메커니즘이 설치되어 있지 않을 경우, 양국의 개발협력 파트너십은 통합적인 발전계획을 실행하기 어렵게 되며 사업 간 조정이나 원조 정책 변경도 효율적으로 해나가기 어렵게 된다. 따라서 양국 간 정책조정 메커니즘이 부재한 경우, '발전동맹'은 작동하기 어려우며 작동하더라도 양측 간의 갈등이 발생할 경우, '발전동맹'이 취약해지기 쉽다.

성과평가와 피드백 기능

개발성과가 미미한 나라들에서 가장 쉽게 관찰되는 공통점 중 하나는 성과평가와 피드백 기능이 형식적이거나, 후속사업이나 연계사업에 반영되지 않는다는 것이다. '발전동맹'은 기본적으로 공동의 목표를 추구하게 되므로 사업성과를 점검하면서 그 중간평가를 사업추진 과정에 반영하는 것이 중요하다. 개발목표를 추구해 나가면서 지속적으로 개발성과를 측정해 나가기 위해서 개발성과를 측정할 수 있는 지표를 설정하고, 정기적으로 모니터링하여 목표 달성 여부를 평가해야 한다. 또한 피드백 체계를 구축하여 사업 추진에 지속적인 개선과 보완이 이루어지도록 하는 것이 필요하다. 이러한 사업에 대한 객관적 평가는 상호 간의 신뢰를 강화하는 역할을 하기도 한다.

상호보완성(Complementarity)은 대외원조의 성공 레시피

수원국과 공여국의 개발파트너십이 실질적인 성과를 내기 위해서는 양 당사국이 상호 간 호혜적인(Mutually Beneficial) 관계가 되어야 한다. 그리고 그 관계는 상호 간 국가이익을 확대하는 데 기여해야 한다. 즉, 상호보완적인 관계가 가장 바람직한 관계이다. 경제학에서 말하는 비교우위 분야가 상이한 국가들 간 개발협력 파트너십을 맺게 되는 게 이상적이다.

물론, 현실 세계에서 수원국과 공여국 간 상이한 비교우위를 가진 나라 간 그 분야를 찾아내어 기능적으로 연계하고 그 성과를 확산시켜 국가발전으로 이어지게 하는 것은 말처럼 쉬운 일은 아니다.

다만 대외원조 수원국과 공여국 간 각각의 비교우위 분야가 다르고 상호보완성이 깊으면 양측 모두에게 유리한 점이 많게 된다. 성공적인 개발협력 파트너십은 대개 이런 경우에서 생겨난다. 이러한 관계는 자원 효율성을 극대화하고, 장기적이고 지속 가능한 발전을 이끌어내며, 공동의 목표 달성을 위한 기반이 시간이 지날수록 확대된다.

예컨대 지리적 위치가 유리하여 지역의 허브 국가로 성장하기가 용이한 수원국은 교통, 항만, 통신 등 인프라가 고도화될수록 국가발전이 가속화될 가능성이 매우 높다. 다시 말해, 사회간접자본의 투자효율이 다른 나라에 비해 상대적으로 높은 것이다. 이러한 상황에 있는 개발도상국은 고도의 인프라 건설기술과 많은 건설엔지니어링 기업, 그리고 충분한 자금력을 보유한 공여국과 개발협력 파트너십 또는 발전동맹을 맺게 된다면, 국가발전이 급속하게 이루어지고 기술이전 측면에서의 성과도 매우 높을 수 있다. 다른 예로, 풍부한 수자원이나 지열에너지 자원이 있는 개발도상국은 개발협력파트너십을 형성함에 있어 댐 건설이나 지열발전소 건설에 강점을 가지며, 아울러 원조 재원에 여력이 있는 공여국이 적당하다. 개발협력 파트너십 형성이나 발전동맹 체결에 있어서 높은 상호보완성은 매우 유리한 여건으로 작용하게 된다. 이런 사례는 현실에서 많이 찾을 수 있는데 동아프리카 지구대(The Great Rift Valley) 인근 지역이 대표적이다. 이 지역에선 지열(Geotherm)이 풍부하여 입지적으로 지열발전이 유리하므로, 인근 국가들 중 다수는 지열발전소 설립이나 지열 개발을 위해 뛰어난 발전소 건설 기술이나 에너지 기술을 가진 국가나 국제개발기구와 개발협력 파트너십을 형성하여 지열을 경제발전을 위한 자원으로 활용한다.

　상호보완성을 중심으로 개발협력 파트너를 찾는다면, '발전동맹'으로 확대해 나갈 가능성이 매우 높아진다. 즉, 양국 간 효율적인 자원 배분, 비교우위에 기초한 분업을 통한 상호이익 확대, 생산비용 하락에 따른 기술이전 활성화, 양국 모두의 국익증대로 인한 협력기간 장기화 등을 구현하게 될 가능성이 높아지는 것이다. 대외원조가 수원국과 공여국을 모두 발전시키는 촉매작용을 하는 경우는 대부분 상호보완성을 중심으로 개발협력 시스템을 구축한 경우이다. 또한 상호보완성을 기반으로 개발협력 파트너십을 형성하게 되면 양국 간 마찰가능성 및 이해충돌 가능성이 낮아지고 보완적 관계로 인해 효과적 자원분배와 공동의 포괄적 목표설정이 가능해진다. 공동의 목표는 수원국과 주된 공여국이 '발전동맹'으로 나아가기 위한 가장 중요한 기본 토대가 된다.

상호보완성을 기반으로 한 대외원조협력관계는 매우 이상적인 관계로 전개될 가능성이 높다. 대외원조가 제공되고 프로젝트가 성공할수록 원조에 대한 수요는 더욱 커진다. 적어도 일정 단계까지는 양측 모두에게 플러스 관계가 계속된다. 경제학 원론에서 배웠듯이 서로 비교우위가 다른 두 국가의 협력의 이점이 발휘되는 것이다. 이렇게 보면 원조 협력관계를 맺을 때 우선적으로 검토해야 할 측면이 상호보완성이라는 것은 자명한데, 현실에서는 공여국이나 수원국이 개발협력파트너를 물색할 때 이 점을 간과하는 경우가 많은 것 같다. 이른바 '중점 협력국'이라고도 불리는 파트너국가의 선정 기준에 상호보완성 요소가 포함될 경우, 원조 협력관계는 보다 안정적이고 장기적 윈-윈 협력관계로 진전될 가능성이 높아질 것이다. 그런 관점에서 보면 상호보완성이야말로 주된 개발협력파트너를 찾는 데 가장 먼저 적용해야 할 잣대이고 성공적 원조의 필요조건이라고 할 수 있다.

05

대외원조로 모든 것을
해결할 수는 없다

Official Development Assistance

ODA

대외원조로 해결할 수 있는 문제와
해결할 수 없는 문제

저개발국 국민들 중에는 선진국들의 원조나 원조사업에 의존하여 살아가는 사람들이 많다. 또한 원조가 많아지면 생활이 나아질 것으로 생각하는 사람들도 흔히 볼 수 있다. 이렇게 생각하는데는 여러 원인이 있겠지만 아마도 자기 나라 재정의 큰 부분을 원조가 차지하기 때문이거나, 자국 정부의 능력에 대한 신뢰를 이미 접었기 때문일 것이다.

그러나 외국의 원조 역시 만병통치약은 아니다. 원조는 개발도상국의 경제발전과 사회적 문제 해결에 기여할 수 있는 중요한 수단이지만, 대개의 경우 수원국의 문제를 직접적으로 해결할 수 있는 것은 아니다. 따라서 원조의 의의는 인도적 지원을 제외하고는 수원국의 국가발전계획 수립과 이행에 도움을 주는 것에 한정해야 한다. 어디까지나 원조는 보충적 성격을 가지며, 큰 레버리지 효과, 다시 말해 개발임팩트(Development Impact)를 통해 발전에 기여하도록 설계해야 한다.

성공적인 발전을 이루어 내는 수원국 정부는 외국의 원조를 효율적이고 적절하게 사용하는 경우가 많다. 성공적인 발전을 이루기 위해서는 원조로 해결이 가능한 문제에 집중적으로 원조 재원과 노력을 투입하는 게 핵심이다. 원조로 해결될 수 있는 분야 중 '저개발국의 빈곤 감소'는 대외원조 재원이 가장 많이 사용되는 분야 중 하나이다. 세계은행(World Bank) 그리고 세계은행과 함께 대표적인 개발분야 국제기구인 유엔개발계획(UNDP)은 빈곤감소를 가장 중시하는 분야에 대해 원조 재원을 포함해 대응하고 있다. 교육 기회 확대와 역량 강화, 공공보건과 의료서비스 제공 확대, 도로, 전력, 상하수도, 항만 등 공공인프라 구축, 발전을 주도하는 기관형성, 그리고 긴급구호 및 인도적 지원 등은 원조를 통해 성과를 거둘 수 있는 분야들이다.

한편, 대외원조로 해결하기 어려운 문제 또한 존재한다. 물론 수학 공식처럼 적용되는 분야가 정해져 있는 것은 아니지만 대개 정치적 불안정, 사회적 불평등, 경제구조, 산업구조의 개선과 같은 분야는 대외원조를 투입한다고 해서 문제가 해결될 여지가 별로 없다고 여겨진다. 개발도상국들은 정치적 안정과 정부의 효율성을 높이기 위해 이 분야에 대해 원조자금을 투입하고자 하는 경우가 많지만, 그런다고 해서 정치적 안정이 확보되는 것은 아니다. 정치적 안정은 매우 국내적인 이슈이며, 정치리더십, 인종갈등, 젠더갈등, 지역 간 갈등 등을 포괄하는 사회구조와 관련이 있으므로 외국의 원조가 기능하기 어려운 영역이다. 또한 정부효율성 역시 원조의 직접적 대상이 되기는 어렵다.

대외원조로 해결하기 어려운 분야이기는 하지만 대외원조가 발전으로 이어지기 위해서 정치적 안정과 정부의 효율성은 필수적 조건이다. 이러한 조건이 갖추어져 있지 않다면 원조가 제공되는 동안 원조의 효과성은 저하되고 계속되는 원조가 오히려 부패와 비효율을 조장할 수 있다.

다만, 원조로 정부의 효율성을 제고하기 위한 기반을 강화하는 것은 가능할 것이다. 저개발국 정부의 정치 리더십이 국가발전을 적극적으로 추진하는 경우, 정보화 기기 도입, 전자정부 구축 등을 통한 디지털 전환이나 공무원 교육훈련 강화 등에 정책의 주안점을 두는 경우가 있는데, 이때 공여국의 원조는 정부의 효율성 제고를 간접적으로 지원하기도 한다.

아울러, 대외원조를 통해 경제구조나 산업구조의 근본적인 변화를 유도하기도 어려울 것이다. 이러한 변화는 수원국의 내적 역량이 구축되어 있어야 하며, 또한 정치리더십의 장기적인 정책적 결단이 필요하기 때문이다. 수원국이 주도적으로 입안한 국가발전전략에 의거하여 보다 적절한 경제ㆍ산업구조로의 전환을 추구하는 것이 주된 동력이 되어야 더 큰 효과를 내기에 유리하다. 이때 수원국의 국가발전전략과 이해관계를 같이 하는 공여국의 원조가 더해진다면 발전을 가속화하거나 수원국의 부족한 역량을 보완할 수 있을 것이다.

대외원조, 그 빛과 그늘

원조로 너무 많은 것을 하려 해선 안 된다

"대외원조는 보충적이어야 한다"라는 말은 대외원조가 단독으로 문제를 해결하는 수단이 되는 것이 아니라 수원국의 자체적인 노력과 보유자원을 보완하는 역할을 해야 한다는 의미이다. 원조사업이 수원국 발전프로그램의 주류를 이루면 역설적으로 수원국의 발전동력은 약해진다. 아프리카와 중남미 등의 개발도상국가 중 원조 비중이 높고, 주요 개발사업의 대부분을 원조로 추진하는 국가들의 경우, 자생적 발전 의지가 더욱 약해져 있는 것을 흔히 보게 된다.

대외원조가 보충적이지 않고 주도적이면 수원국은 원조로부터 출구전략을 세울 수 없고, 결국 끝없이 원조에 빠져들게 된다. 대외원조는 중요한 국가발전의 수단이지만 절대로 대외원조가 국가를 압도하게 해서는 안 된다. 이것이 수원국이 원조를 받을 때, 원조로부터의 출구전략도 함께 수립하고, 아울러 원조받는 첫날부터 그 출구전략을 가동해야 하는 이유이다.

수원국의 자생적 발전역량을 보존하기 위해서 원조는 기술이전, 인력 교육, 사회적 인프라 구축 등을 통해 수원국의 자체적 내부 역량을 강화하는 데 중점을 두어야 한다. 단순한 자금 지원이 아니라, 자원의 효율적인 활용을 위한 기반을 마련하는 것이 중요하다는 말이다. 또한 수원국 발전을 위해 정책적 지원, 기술적 조언, 교육 및 훈련 등 다양한 형태의 지원이 제공되어야 한다. 이러한 지원은 수원국이 주인의식을 가지고 주도하는 방식이 더욱 효율적이며 확장된 개발성과를 가져오는 데 유리하게 작용한다. 이미 여러 차례 언급한 바 있듯이 원조에 대한 의존성 문제를 해결하는 것이 무엇보다도 중요하며, 원조가 보충적인 역할을 통해, 수원국의 자생적 발전을 저해하는 요소가 되지 않고 발전을 촉진하는 촉매 역할을 하도록 해야 한다. 수원국과 공여국 모두에게 과도한 원조 의존 문제를 줄이려는 노력이 성공적 원조의 필수 요소가 될 것이다.

그러나 현실은 많이 다르다. 생활 환경이 열악하고 정부 재정이 취약하며 사회간접자본이 부족한 개발도상국에서 공여국의 기술과 자본의 지원을 받아 추진하는 개발프로젝트들은 해당 개발도상국이 실질적인 역할을 하면서 참여하기 어려울 때가 많다. 공여국이 수원국의 개발프로젝트를 전담하여 알파부터 오메가까지 모두 다 계획하고 건설하고 운영 방안을 마련하는 경우도 있다. 국력이 상대적으로 약한 개발도상국, 또는 저개발국인 수원국은 사업의 효율성을 위해 해당 개발프로젝트의 '운전석(Driving Seat)'을 공여국 측에 넘기게 되는 경우가 많다. 그러면 경험과 기술, 자본을 모두 갖춘 공여국 정부의 전문가나 기업의 엔지니어들은 능숙하게 프로젝트를 기획하고 설립하여 수원국 측에 이관한다. 완공과 함께 멋진 이관행사(Hand-over Ceremony)가 개최되고 수원국 정부나 담당 기관이 운영을 맡게 된다.

하지만 이때부터 문제가 시작되고 부실 현상이 드러나는 일이 다반사로 발생한다. 그러다 보면 애초의 사업목적은 퇴색되고 프로젝트는 형해화(形骸化)된다. 이런 사례가 많아지다 보면 결국 '국가발전'은 좌절되고 수원국과 공여국 간 '개발협력 파트너십'은 '의존적 관계'로 변화되기도 한다. 잘해보려던 개발협력이었지만, 오히려 수원국은 공여국의 대외원조로부터 빠져나올 수 없는 상태가 되고, 이런 상황이 반복되면서 개발협력의 한 축이었던 수원국은 원조에 의지하는 국가(Aid-ridden Country)가 된다. 그리고 결국, 쇠락을 겪게 되기까지 한다.

그렇다면 이러한 악순환을 끊어내는 방법은 무엇일까? '룰 넘버원(Rule Number One)'은 "대외원조는 보충적이어야 한다"라는 원칙이다. 즉, 공여국의 대외원조는 수원국이 할 일을 대신해 주는 것이 아니라, 수원국이 운전석에 앉아 운전할 수 있도록 조수석에 앉아 도와주는 것이다. 그리고 필요한 도움도 수원국이 감당할 수 있는 범위에서 제공해야 한다. 일반적으로 개발도상국인 수원국은 여러 개의 국책사업을 동시에 수행하기가 어렵다. 제한된 국내적 역량으로는 많은 사업을 감당하기 어려우며 정부 기능, 노동시장, 외환 시장, 물가 등에 부담을 주게 된다. 특히 원조 재원이 많이 풀려 수원국의 국내 경기에 지나치게 큰 영향을 미치는 것은 바람직하지 않다.

원조 재원이 지나치게 많이 수원국에 흘러 들어가게 되면 수원국 경제의 대외의존도가 높아지고, 국내 산업에 대한 민간투자 감소 등으로 수원국의 산업경쟁력이 저하되기 쉽다. 또한 수원국 정부의 정책도 공여국의 원조 조건에 맞추는 방향으로 변화하면서 정책의 왜곡 현상이 발생하기도 한다. 이와 함께 외화 유입으로 국내 통화가치가 상승하여 수원국 상품의 수출경쟁력이 약화될 수 있고, 원조자금 관리 시스템이 취약할 경우, 부패가 확산될 우려가 커지기도 한다.

이런 문제를 해결하기 위해서는 대외원조로 너무 많은 것을 하지 않아야 한다. 다시 말해 수원국 정부가 감당할 수 있는 만큼의 프로젝트만 공여국의 원조를 받아 수행해야 한다. 수원국 정부나 민간이 통제할 수 없는 수의 대외원조프로젝트, 관리하기 어려운 개발 재원의 유입은 수원국 국내경제에 불균형을 가져오고 산업경쟁력을 약화시키고 발전 잠재력을 소진하게 된다는 점을 유의하여야 한다. 국가발전에 상대적으로 개발영향력(Development Impact)이 큰 소수의 사업에 집중하면서 모든 역량을 다 투입하여 개발잠재력을 소진하는 것이 아니라 같은 일을 하더라도 개발잠재력을 축적하는 방향으로 가야 한다. 여기서 개발잠재력을 소진하느냐, 축적하느냐는 개발프로젝트의 숫자와 규모에 관계가 있다. 균형점을 찾는 것은 어렵고 민감하지만 수원국 정부는 이를 찾아내야 한다. 사업 참여를 통해 기술력과 기술인력을 육성하고 이를 다른 사업에 투입하여 더 키워가는 방식이 유효할 것이다. 너무 욕심을 부리면서 많은 원조를 받아 사업을 벌이다 보면 원조에 대한 통제력을 잃게 되고 대외의존도는 날로 커진다. 이곳저곳에 공여국이 건설해 준 시설들과 기관들이 생겨나지만 수원국의 계획과 통제하에 설치되고 추진된 것이 아니다. 그렇기에 수원국의 발전잠

　　　　　　　　　　　　　　　　　대외원조, 그 빛과 그늘

재력을 키워나가기보다는 수원국 스스로의 능력 부족에 따른 좌절감이 앞설 수도 있다. 원조가 들어온다고 자국의 능력에 대한 냉철한 평가 없이 여러 사업을 추진하는 것은 이런 측면에서 자제해야 한다.

원조를 통해 능력을 키우고 국가발전을 이루어 낸 한국의 사례에서 자체적 역량을 초과해서 원조사업을 많이 벌이는 것은 수원국의 발전을 이루기 위한 올바른 처방이 아니란 점을 알 수 있다. 한국은 1962년 시작된 제1차 경제개발5개년계획부터 주된 공여국이었던 미국과 협의하여 기본 인프라 구축과 농업개발, 그리고 경공업에 주력하면서 초기 단계 개발역량을 키웠던 것으로 보인다.

이어 1967년부터 1971년까지 진행된 제2차 경제개발5개년계획에서는 제1차계획에서 구축된 교통·물류·전력 인프라를 기반으로 중화학공업을 육성하였다. 또한 이미 육성된 경공업 분야 기술인력을 활용하여 미국 등 공여국으로부터 기술이전을 받을 수 있었다. 이때 한국 정부는 모든 역량을 중화학공업 분야에 집중하여 포항제철 건설, 석유화학, 자동차 산업에서 발전의 기반을 만들어 냈다. 이 시기 한국 정부는 미국의 이견에도 불구하고 수출주도형 산업화를 추구하였으며 끝내 자국의 정책을 밀고 나가 성사시켰다. 미국을 비롯한 공여국들과 협력하기는 하였지만 국가발전의 주체는 한국이었다. 한국 정부는 달리는 자동차의 운전석에 앉아 자신이 원하는 목적지를 향해 줄곧 나아갔다. 경부고속도로나 포항제철 건립 같은 일부 핵심사업에서 공여국들과의 이견이 표출되기도 하였으나 제2차 5개년계획은 전반적으로 수원국-공여국 간 밀접한 협력 하에 진행되었다. 제2차 경제개발5개년계획은 한미 간 협력관계로 볼 때 한미 간 일종의 '발전동맹' 하에서 한국의 발전기반이 갖추어지는 기간이라 보아도 좋다. 한국은 제1차, 제2차 경제개발5개년계획의 성공을 기초로 1972년부터 시작된 제3차 경제개발5개년계획에서 중화학공업의 심화에 정책의 주안점을 두고 강력한 수출드라이브 정책을 통해 필요한 외화를 확보하는 한편, 고급기술의 확보가 가능한 석유화학단지, 기계공업단지 조성, 조선산업 기반 구축에 주력하였다.[44]

이러한 한국의 발전과정이 대외원조 활용전략이라는 측면에서 인상 깊은 점은 농업, 교통인프라, 경공업, 철강생산, 전력 생산, 조선(Shipbuilding), 석유화학, 기계공업 등 일련의 산업화 과정을 단계적으로 추진했다는 점이며, 주된 공여국인 미국의 개발 재원과 기술에 의존하면서도 한국이 이를 자체적으로 수용하는 한도에서 추진했다는 점이다. 한국은 미국의 원조로 한 가지 분야에서 성취를 얻으면 그다음은 이미 습득한 기술력과 수출드라이브를 통해 확보한 외화, 그리고 높은 교육열에 의해 자체적으로 육성된 우수한 관료제를 활용하여 기술력과 노하우를 내재화하는 과정을 반복했다. 이 과정에서 한국 정부는 수출산업을 육성하기 위해 전력을 경주했다. 특히 수출기업들의 국제경쟁력을 제고하기 위해 정부는 외환을 강력하게 규제했고 원화의 가치를 조정하려고 노력하였다.

한편, 한국 정부는 고속도로 건설, 비료생산, 철도건설, 철강생산, 조선산업, 석유화학, 기계공업, 자동차 생산, 원자력발전, 전자산업,

대외원조, 그 빛과 그늘

반도체에 이르기까지 해외기술을 순차적으로 도입한 후 빠르게 이를 습득하고 더 높은 단계로 격상시키는 과정을 통해 한국 기업들의 국제경쟁력을 확보하는 발전전략을 성공적으로 수행한 것이다. 다시 말하지만, 발전과정에서 한국은 자기 상황에 맞게 운전석에 앉아 발전정책을 수립·이행했고, 당시 그 시기에 할 수 있는 일을 한 후에 다음 단계로 올라섰다.

진정한 원조효과성(Aid Effectiveness)이란?

나는 우리나라가 DAC에 가입하던 시기, 주OECD 대표부에서 개발협력 담당을 맡아 DAC 대표로 일하면서 '원조효과성'에 관해 협의하는 회의와 토론에 대한민국 대표단의 일원으로 여러 차례 참석한 적이 있었다. 당시는 OECD가 가나 아크라(Accra)에서 개최되었던 '원조효과성에 관한 제3차 고위급회의(HLF-3: 3rd High-Level Forum on Aid Effectiveness)'를 성공적으로 마치고 원조효과성을 제고하는 주체들을 민간 기관까지 확대하여 공적개발원조(ODA)의 재원과 활용 방식, 평가 방식에 대해 공적부문, 즉 정부와 국제기구들의 부담을 줄이면서 참여자들(Players)을 늘려나가려던 시기여서 그 열기가 뜨거웠다. 더욱이 '제4차 고위급회의(HLF-4)'의 한국 개최가 막 결정되던 시기여서 신규 DAC 회원국인 한국이 참여하는 새로운 원조효과성 모델 마련에 대한 관심도 크게 고조되고 있었다.

우리 정부가 DAC 가입 직후인 2011년 개최될 예정인 '제4차 고위급회의'를 유치하기로 한 것은 '신의 한 수'라고 불릴 정도로 시의적절한 것이었다. 우리 정부는 "시작하면 반드시 예상을 뛰어넘는 성공을 거둔다"는 잘 알려진 평판에 화답하듯 OECD를 비롯한 국제개발기구들의 예측을 뛰어넘는 성공을 이루면서 글로벌 개발협력 파트너십 구축의 새로운 이정표를 세우게 된다. 회의 공식 이름도 '부산세계개발원조총회(Busan Partnership for Effective Development Cooperation)'로 정해 향후 나아갈 방향을 명확히 제시하고, 회의의 중심 소재인 원조효과성을 개발 파트너십으로 확장하여 개발협력 관련 플레이어들을 새로운 운동장(Playground)으로 이동시키는 성과를 가져왔다.

이러한 시기적 상황 때문인지 나는 파리의 OECD 본부에서 열리는 회의에 빠지지 않고 참석하면서 회의 내용을 정리하여 외교부 본부에 보고하고, 우리나라의 입장이나 의견을 발표하는 일에도 열심을 기울였다. 그때 회의에 참석하면 할수록 대외원조에 있어서 '진정한 원조 효과성'은 '원조를 그만 받기 위해 원조를 받는 것'과 관련 있다는 생각이 더욱 강해졌다. 대외원조는 해당 수원국의 행정시스템, 사회시스템, 산업시스템 등을 강화하고, 이를 더 잘 작동시키기 위한 것이라는 원래의 취지를 되새겨본다면 대외원조는 수원국인 개발도상국의 '자생적 발전'을 위해 사용되어야 하고, 자생적 발전이 심화되면 원조를 받을 필요가 없어지는 것은 당연하기 때문이다. 이런 면에서 원조효과성은 제공된 원조가 수원국의 발전에 실질적이고 긍정적인 기여를 하는 정도를 의미하는 용어라 할 수 있다.

즉, 원조효과성을 올리려는 이유는 대외원조가 단순히 수원국에 대한 재정적 지원의 측면을 넘어, 국가발전과 관련된 시스템들을 보강하고 새로운 시스템을 도입하게 하여, 원조의 목표인 '자생적 발전'을 성취하는 것이기 때문이다. 이러한 측면을 고려한다면 '원조효과성'은 수원국의 국가발전전략에 입각한 정책을 수립하고 집행하는 과정에서 구현되는 것이며 이를 위해서는 수원국과 주된 공여국 간의 개발협력을 증진하기 위해 긴밀한 협업 내지 분업이 필요한 것이다.

결국 원점으로 돌아가면, 원조를 그만 받기 위해 원조를 받는 것이며, 이렇게 되기 위해 노력하는 것이 '원조효과성'의 제고이다. 따라서 '원조효과성'을 이루는 가장 중요한 일은 '원조로부터 탈출하는 전략'을 잘 수립하는 것이다. 정책학의 용어를 쓴다면 '정책종결(Policy Termination)'을 위한 전략 수립이라고 할 수 있는데 당초 원조를 받은 원인을 해결하여 더 이상의 원조가 필요 없어지도록 하는 것이다.

그렇지만 현실에서 개발협력에 관한 일을 하다 보면 '원조효과성'을 매우 기술적인 것으로 가정하고, 이를 원조전문가들의 복잡한 용어로 표현함으로써 현실에서는 원조효과성을 달성하기 어렵게 만드는 경우를 자주 보게 된다. 사실 대외원조가 수원국의 실질적 발전을 유발하지 않는다면 원조효과성에 대한 측정과 평가는 큰 의미가 없게 된다. 아무리 좋은 기술적 평가를 받아도 '원조에 대한 의존성'이 감소하지 않는다면 해당 수원국은 본질적 의미의 발전을 이루기 어렵다. 앞에서도 살펴보았듯이 '원조효과성은 원조를 효과적으로 사용해서 수원국이 자생적 발전을 이루도록 만드는 수단이며 지표라고 할 수 있는데, 이것을 너무 어렵고 기술적으로 표현하다 보니 정작 실천하는 방법을 찾기가 곤란해진 것이다.

물론 수원국의 개발정책 수립과 집행 과정에서 '원조효과성'을 제고하는 방안은 다양하겠지만, 수원국과 공여국 간 협력을 진행하는 과정을 중심으로 원조효과성을 올리는 방법을 찾아본다면 의미가 있을 것이다.

대체로 수원국인 개발도상국은 수원국의 발전에 대해 이해관계를 가진 공여국을 개발파트너로 삼게 된다. 이때 소수의 주된 공여국과 보다 중요하고 의미 있는 개발파트너십을 체결하는 것이 바람직하다. 별반 크지 않은 이해관계를 가진 많은 공여국들과 개발파트너십을 맺는 경우, 공여국들이 제공하는 원조는 분절화되고(Fragmented) 실질적 결과 없이 형식적인 것(Empty Formality)이 되기 쉽고, 개발임팩트도 작아지며, 공여국의 정책 변화에 따라 변경되기도 쉬워지는 여러 단점들이 복합적으로 생겨나게 된다.

개발프로젝트의 설계

원조가 수원국의 실제 필요와 개발목표에 맞게 설계되고 실행되는 것이 중요하다. 수원국의 수요를 충족시키는 원조는 수원국 산업 역량의 실질적인 변화로 이어질 수 있다. 이를 위해 수원국과 주된 개도국은 프로젝트 계획단계에서부터 같은 방향성과 목표를 공유해야 하며 수원국의 수요와 자생력 증진에 초점을 두고 설계해야 한다.

한국의 경제개발5개년계획의 경우, 1960년대라는 시간적 배경이 반영된 결과이긴 하겠지만 불균형적 경제발전전략을 단계적으로 기획하고 이를 국가적 역량을 총집결하여 이행한 것이라는 특징을 보인다.

특히 제1차 계획을 입안하던 1962년부터 제3차 계획이 완료되던 1976년경까지 한국은 발전전략의 수립과 이행에 있어서 많은 부분을 미국과 협조하였다. 제1차 계획과 제2차 계획은 자립경제 체제를 강화하기 위해 수출기반을 구축하는 데 중점을 두었고 제3차 계획부터 점차 균형성장과 지속 가능한 경제체제 구축에도 관심을 가지기 시작했다. 막대한 인프라 구축이 필요하고, 신속한 산업적 기반 구축과 전환이 요구되는 일련의 경제개발5개년계획들은 한국의 주된 공여국인 미국의 원조와 협조가 없었다면 추진되기 어려운 발전전략이었다.

지속 가능성

앞에서도 강조했듯이 '자생적 발전'은 원조효과성이 궁극적으로 추구하는 목표이다. 대외원조 없이도 발전을 지속해 나가는 국가가 되기 위해서는 원조가 수원국의 자립 능력을 강화하고, 스스로 발전할 수 있는 기반을 구축해야 한다. 그리고 원조를 받아 구축된 기반들이 중장기적으로 작동하여 수원국의 발전역량을 지속 강화함으로써 발전의 성과를 정착시켜야 한다. 우리는 현실에서 과거 한때는 번성했다가 현재는 쇠락한 국가들을 보곤 한다. 그런 나라에 여행을 가서 거리를 돌아다니다 보면 지난날의 영화로운 자취를 곳곳에서 만나게 된다. "왜 한때 잘나가던 나라가 이리 퇴보했을까?"라는 질문이 생긴다.

이 질문에 여러 이유를 대면서 대답할 수 있겠지만 대대손손 부흥할 자생적 발전 기반을 만들어 내지 않고 단기적 번영을 누리기만 한 것도 중요한 이유가 될 것이다. 마치 고등학교 수학 시간에 한 학생이 짧은 시간 성과를 낼 수 있는 요약된 문제 풀이 해설집으로 월말고사에서는 한두 번 좋은 성적을 내다가, 정작 가장 중요한 대학입시 수능시험에서는 수학의 기본원리와 정리에 중점을 두고 공부하여 장기간에 걸쳐 기본기를 쌓아 올린 학생에게 추월당하는 것과 비슷하다고 할 수 있다.

상대적으로 발전의 수준이 낮은 개발도상국에서는 웬만한 인프라기반이나 산업기반을 가지고도 높은 성과를 낼 수 있다. 그러나 그 기반은 처음 세워질 때는 잘 작동하는 것으로 보이지만 수원국이 일정한 수준을 넘게 되면 그 규모와 수준을 지탱하기 어렵게 된다. 과부하가 걸리는 것이다. 오히려 제대로 된 기반이 구축될 기회까지 잠식한다. 더욱이 지속발전가능성까지 약화되고 산업기반이 제대로 되어 있는 곳에서까지 발전이 정체되고 병목현상이 생겨 관련 분야의 발전을 막기도 한다. 그래서 원조효과성 측면에서 수원국과 공여국이 발전전략을 세울 때 수원국의 향후 발전에 대한 통찰과 이에 기초한 예측이 중요한 것이다. 예를 들면 한국이 독자적으로 건설한 경부고속도로는 준공 당시 교통량과 자동차 숫자에 비하면 비정상적으로 큰 규모였는데 이에 대해 세계은행(IBRD)은 "자동차도 없는 나라가 무슨 고속도로가 필요하냐"라는 반응을 보이며 비판적이었다.[45] 그러나 얼마 안 가 한국에선 더 많은 고속도로가 필요하게 되었다.

객관적 성과 측정과 평가
아무리 의지가 강하고 재원이 풍부하다고 하더라도 원조 프로그램의 성과를 객관적으로 측정할 수 있는 지표를 개발하여, 효과성을 지속적으로 평가하고 관리해야 한다. 당초의 목표를 달성하기 위해 수원국과 공여국이 협조하여 사업 진행을 수시로 점검하면서 피드백을 통해 보완, 수정, 조정해 나가야 한다.

정치적인 고려나 형식적 평가가 이루어진다면 많은 사업이 추진되더라도 원조효과성은 저하되고 발전이 좌초될 수 있으므로 각별히 유의하여야 한다.

가시적 변화

원조효과성은 원조를 통해 '변화'를 만들어내는 것이다. 여기서 말하는 변화는 긍정적인 방향으로의 변화이며, 주로 사회적, 경제적 변화를 의미한다. 변화가 생겨야 이를 평가할 수 있고, 변화에 기초하여 다음 계획을 실행에 옮길 수 있다. 가시적 변화를 수반하지 않는 원조 또는 원조사업은 수원국 국민들의 지지를 받기 어렵고 궁극적으로 수원국의 주인의식을 가져오기 어렵다. 대외원조에 대한 국민동원(Nation Mobilization)을 위해서는 수원국 국민들이 인식할 수 있는 가시적 변화가 필요하며 이런 가시적 변화는 수원국과 공여국 정부 모두에게 해당 사업에 대한 지속한 동력을 제공한다. 따라서 원조효과성을 올리기 위해 개발파트너 국가들은 가시적 변화를 일으키는 데 관심을 가질 필요가 있다.

원조에 의존하는 담당 기관과 수혜자의 저항에 대한 극복

개발파트너들 간 협력이 잘 진행되어 원조 프로그램의 완료가 임박해질수록, 또는 추진되던 원조사업의 규모가 클수록, 원조사업을 운영하던 기관과 수혜자들의 원조사업 종결(Termination)에 대한 두려움과 압박이 커지기 쉽다. 원조효과성이 장기간 상승하여 수원국의 국가발전이 이루어지고 자생적 능력이 강화되더라도 해당 원조를 직접 관리하는 담당 기관의 사업에 대한 의존도는 더욱 커지는 경향이 있다. 담당 기관 입장에서 보면 원조 사업이나 원조 관련 정책이 종결되거나 대폭 축소된다는 것은 그 기관의 존재 가치가 그만큼 줄어든다는 것을 의미한다. 담당 기관으로서는 원조 정책으로 해결하려고 한 문제의 해결 여부보다 조직의 생존 자체가 훨씬 더 중요한 문제가 될 수 있기에 정책을 담당하는 조직 차원에서 정책의 종결을 반대하게 된다.[46] 이 경우, 대개 담당 조직은 아직까지 대외원조의 필요성이 크며, 원조를 중단할 경우, 국가발전에 문제가 생긴다는 논리로 반대하게 된다.

덧붙여 '원조효과성'의 종국적 목적지인 원조 종결에 도달하는 것을 방해하는 요인은 수혜자들의 저항이다. 특히 원조가 효과적으로 작용하여 더 이상 대외원조가 필요 없게 된 수원국의 경우, 원조를 유지하는 것은 오히려 원조에 대한 의존성을 지속시켜 자생적 발전을 저해하게 된다. 이것은 수원국 국가 전체의 관점에서는 비용으로 해석된다. 이미 대외원조가 필요 없게 된 단계에 이른 개발도상국이 원조로부터 탈출하지 않는다면, 원조에 대한 의존성이 구조화되어 자생적 성장 모멘텀을 잃게 되기 때문에 이 경우 원조를 계속 받는 것은 비용을 지불하는 것이 된다. 이때 원조 지속 정책으로 인해 발생하는 비용은 국민 전체에게 분담되고, 각 개인 입장에서는 극히 사소한 비용 또는 잘 인식되지 않는 비용으로 간주된다.

반면에 해당 원조 정책으로 인한 직접적 이익은 소수의 수혜자들에게 집중된다. 이들은 원조 지속의 필요성을 주장하면서 자국이 계속 원조를 받아야 하는 데 대한 정당성을 강조하게 된다.[47] 결국 국가적으로 자생적 발전을 추진해야 할 시점에 대외원조에서 탈출하지 못하고 영원히 원조에 의존해야만 하는 국가로 전락하게 된다. '원조효과성'은 백약이 무효가 되는 지경이 되게 된다. 이리 보면 대외원조로부터 탈출하기 위한 전략이 바로 원조효과성이라고 해도 틀린 말은 아니다.

한국정부에 대한 국제사회의 원조는 1960년대를 기점으로 큰 변화를 겪는다. 1950년대의 원조가 전쟁에 의한 긴급구호 및 시급한 경제 재건, 복구를 위한 것이었다면 이후에는 경제부흥을 위한 개발원조에 초점이 맞춰졌다. 이러한 변화는 당시 국제원조의 중심국가이며 한국에 대한 주된 공여국이었던 미국이 새로운 대외원조 정책을 추진했기 때문이기도 하였다. 1961년 미국의 케네디 대통령은 그간 경제안정 및 재건을 위한 무상원조 방식에서 경제개발 및 성장을 위한 유상원조 방식으로 원조 정책을 전환할 것을 발표하였다. 이는 국제적인 개발협력 및 개발원조 활성화에 영향을 주었으며 미국의 원조에 크게 의존하고 있던 한국에도 커다란 정책전환을 요구하였다.[48] 한국 정부의 대외원조에 대한 기본적 접근방식이 6.25 전쟁의 전후 복구와 인도적 지원, 긴급구호로부터 경제발전 및 경제자립을 위한 개발협력으로 1960년대 초 전환되는데, 이는 결과적으로 한국 정부가 '원조로부터 탈출'을 목표로 자립 정책을 적극 도입한 배경이 된 것으로 보인다.

중진국의 함정

'중진국의 함정(Middle-Income Trap)'은 현실 세계에서 매우 흔하게 볼 수 있는 현상이다. 한 보고서에 따르면 1960년 중진국이었던 101개 국가 중 2008년 고소득국가에 진입한 곳은 13개 국가에 불과하다고 하니 중진국의 함정에 빠지는 것이 오히려 더 일반적인 일이라 해도 무방할 듯하다.[49] 중진국이던 국가가 오랜 기간 중진국 수준에서 머물러 있으면서 선진국으로 진입하지 못하고 성장 정체를 겪고 있는 상태를 의미한다고도 할 수 있다. 즉, 특정 개발도상국가가 중간 소득 수준에 도달한 후 경제성장이 둔화되어, 고소득국가[50]로 진입할 성장동력을 상실한 상태에 빠진 것을 말한다.

그렇다면 '중진국의 함정'에 빠지게 되는 이유는 무엇일까? 나의 개인적 경험에 따르면 그간 만나 본 많은 중진국의 외교관들이나 경제관료들은 '중진국의 함정'에 대해 그리 큰 염려를 하고 있지는 않은 것처럼 보였다. 선진국이 되지 못할 것을 걱정하기보다는 오히려 현재의 성장률이 낮아지거나 산업기반이 취약해지는 것을 더 걱정하고 있었다.

중진국의 함정은 경제적 요인으로만 설명될 수 없는 현상이다. 겉으로 보이는 현상은 경제성장이 장기간 정체되거나 퇴보하는 것이지만 실제로는 경제적, 정치적, 사회적, 제도적, 문화적, 지리적 요인 등 여러 요인들이 복합적으로 작용한 결과라 할 수 있다. 이러한 측면을 감안한다면 '중진국의 함정'을 극복하기 위해서는 문제 해법을 하나의 원인에서 찾을 게 아니라 복합적 원인을 분석하여 전략적으로 대응해야 한다. 다시 말해 해당 국가가 '중진국의 함정'에 빠지게 된 원인을 분석하여 이를 조목조목 따져보고 인과관계를 밝혀 문제에 대한 해결책을 제시하는 것이 바람직한 수순일 것이다.

성장의 정체(Stagnation of Growth)

그러면 여기서 '중진국의 함정'이 내포하고 있는 주요 요소들을 살펴보면서 한국의 경우 어떤 이유로 대부분의 개발도상국들이 빠져드는 '중진국의 함정'을 피해 갈 수 있었는지를 생각해 보는 것도 흥미로울 것이라는 생각이 든다. 우선 '중진국의 함정' 하면 가장 먼저 떠오르는 현상 또는 요소는 '경제성장의 둔화' 또는 '성장의 정체'이다. 중진국의 함정에서 관찰되는 일반적인 특징은 초기 경제 성장 단계에서 높은 성장을 경험한 후, 점차 성장이 둔화하거나 정체되는 것이다. 원인은 대부분 저부가가치 산업에서 고부가가치 산업으로 전환하는 데 실패하거나, 기존 주력산업의 경쟁력이 감소하는 것이다. 저개발국이 선진 공여국의 원조를 받아 초기 발전을 이루는 경우 이러한 경향은 더욱 두드러진다. 초기에 선진국에 의해 투입된 자본이나 기술력으로 실질적인 성장이 일어난 것으로 착각하게 되지만, 그보다 한 걸음 더 나가기 위한 역량은 자체적으로 전혀 구비하지 못한 상태이므로 선진국의 추가적인 원조나 투자가 없다면 시간이 갈수록 쇠퇴하고 정체할 수밖에 없는 것이다.

노동력 수요 변화에 대한 대응 능력 부족

이와 같은 맥락에서 노동력 수요 변화에 대한 대응 능력 부족 역시 '중진국의 함정'을 형성하는 주요 요소 중 하나이다. 예를 들면 전통적 농업국가인 한 개발도상국에 개발파트너가 된 선진국이 전자제품 공장을 지어주고 농부 수천 명을 공장에서 정해진 부속품을 끼워 넣는 조립공으로 고용한다고 가정해 보자. 조립공들은 관련된 산업분야에 관한 지식의 습득과 기술교육이 없다면 아무리 오래 일해도 다음 단계의 산업인력으로 전환될 수 없고 자체 기술력의 확보 없이 연관된 생산시설을 도입할 수도 없다. 관련 산업이 요구하는 고용구조를 만들어 내지 못하면 성장이 불가능하다. 인력이 없다면 기술혁신도 없다. 기술인력의 육성은 자국의 교육정책, 고용정책, 기술정책, 산업정책을 통해서 해결해야만 발전의 정체현상을 피해 갈 수 있다.

'중진국의 함정'이 중진국들이 겪는 일반적 현상인 이유는 중진국 대다수가 기술인력 수요 변화에 적절히 대응하지 못하여, 저임금 노동에서 중간 기술 노동으로의 전환이 이루어지지 않고, 고부가가치 산업으로의 이동이 어렵게 되는 데서도 찾을 수 있다. 내가 출장을 다녀온 적이 있는 한 아프리카 국가도 이러한 상황을 그대로 재현하고 있었다. 한 공여국이 십수 년 전 당시 기술 수준으로는 상당히 발전된 이동통신 네트워크를 수도권과 주요 도시에 설치해 주었다. 수원국의 통신

편의가 높아졌을 뿐만 아니라 여러 가지 부가서비스들이 도입되면서 통신분야가 그 나라의 경제발전을 견인할 것이라는 기대가 차올랐다. 사람들은 들떴고 정부와 지역 언론들은 새롭게 도입된 모바일 송금시스템이 아프리카에 디지털 혁신을 계속 가져다줄 것이라고 홍보하느라 여념이 없었다.

하지만 거기까지였다. 새로운 성장동력도 새로운 부가가치도 예상처럼 창출되지는 않았다. 그 잘나가던 아프리카 개발도상국에는 선진국들이 새롭게 개발한 기술을 운용할 인력이 턱없이 부족했고 관련 분야에서 일할 기술인력은 전무하다시피 하였다. 새로운 기술진보가 이루어지지 않았고 몇 년이 지나도 연관된 산업에서 발전은 전혀 일어나지 않았다. 이미 설치된 네트워크도 낙후되어 갔다. 고장은 더욱 잦아졌고 급기야 인터넷 연결조차 항상 불안하여 전국적으로 업무 효율은 저하됐다. 밑에 놓여 있는 원인 중 하나는 기술인력을 체계적으로 양성하지 못하여 경제의 성장 잠재력이 상실된 것이었다.

혁신(Innovation)의 결여

'중진국의 함정'에 빠지는 여러 요소 중 또 하나의 중요한 요소는 '혁신(Innovation)의 결여'라고 할 수 있다. 대외원조로 경제발전의 기반을 구축한 개발도상국은 현재 운영하고 있는 인프라에 비해 기술수준이 매우 낮다. 이를 극복하기 위한 방법은 혁신, 기술도입, 교육 등을 통해 선진국의 기술과 노하우 수준을 따라잡는 것이다.

하지만 기술 기반이 약하고 첨단 기술 습득이 되어 있지 않은 중진국이 혁신을 통해 선진국을 따라잡는다는 것은 말이 쉽지, 실제로는 불가능하다고 말할 수 있을 정도로 어려운 일이다. 굳이 '사다리 걷어차기'라는 용어를 빌려 쓰지 않더라도 선진국이 먼저 개발한 대부분의 기술들은 특허, 상표권 등 지적재산권으로 묶여있어 함부로 가져다 쓸 수도 없다. 이런 상황에서 중진국이 의미 있는 혁신을 이루기 위해서는 세계 경제와 산업의 흐름, 정치적 리더십, 국민들의 사기(Morale), 기술 발전, 교육시스템 등 여러 내외부적 요소들 또한 구비되어 있어야 한다. 그에 더해 우연과 필연, 전략과 행운, 의도와 반전 등 통제하기 어려운 요소들도 적절하게 작용해야 한다. 그리고 덧붙여 '게임의 규칙'도 유리하게 작동해 주어야 한다.[51] 이렇듯 대부분의 중진국들은 '혁신'이라는 장벽 앞에서 좌절하며 '중진국의 함정'에 빠져들게 된다.

하지만 '중진국의 함정'이 반드시 세계은행이 규정한 중소득국가, 즉 1인당 GNI 1,135~13,845달러 사이의 국가에만 해당되는 용어는 아니라는 생각을 갖게 된다. 고소득국가의 소득 기준을 상회하더라도 혁신역량이 고갈되어 성장이 정체된다면 어떤 의미에서는 '중진국의 함정'에 빠졌다고 볼 수 있을 것이다. 따라서 '중진국의 함정'을 '개발원조'라는 관점에서 보면 중진국과 선진국 사이에 존재하는 커다란 장벽이라고 할 수 있을 것인데 이 장벽을 넘기 위해서는 경제·산업구조의 '질적 변화(Transformation)'가 필요하며, 질적 변화는 누적된 혁신의 결과라고 할 수 있다. 비록 2만 달러의 국민소득을 가진 국가라 할지라도 개발도상국을 탈피하는 경제와 산업의 구조적 변화를 이루지 못했다면 여전히 '중진국 함정'에 빠져있는 것이다. 경제와 산업구조의 질적 변화와 계속적인 기술혁신을 통해 이 장벽을 넘어선 국가로 한국, 싱가포르, 대만 등을 들 수 있는데 그들은 이미 많은 분야에서 서구 선진국의 기술 및 인프라 수준과 차이가 없거나 오히려 앞서 있기도 하다.

제도의 취약

개발도상국의 발전을 가로막는 또 하나의 중요한 걸림돌은 제도의 취약성이다. 국가와 사회를 유지하고 발전시키는 근간이 되는 제도에는 여러 가지가 있겠지만 가장 중요한 것은 '재산권의 보호'라고 할 수 있다. 재산권 이론은 경제적 가치의 근간에 재산권의 보호가 있다고 주장한다. 나는 이 말에 전적으로 동의한다. 내가 다녀본 국가 중 재산권의 보호제도는 있지만 실질적으로 재산권을 보호받지 못하는 국가들이 있었다. 아무도 공개적으로 말하려 하지 않지만, 사적인 자리에서는 상황의 심각성을 토로하고 불안감을 고백하기도 한다. 불량한 토착 조직이 판사와 경찰을 매수하기도 하고 심지어는 하수인처럼 부리기도 한다. 사업을 하거나 공장을 지으면 불량배들이 이를 강탈해 가거나 사기꾼들이 나타나 재산을 사취하기도 한다. 소송을 하더라도 결과는 뻔하다. 오히려 관리들도 한몫 가져가려고 나서기까지 하는 경우까지 있다. 이런 환경이라면 국민들의 기업가정신(Entrepreneurship)은 바닥으로 추락하고 외국인 투자는 들어올 리가 없다. 이런 나라들이 보유한 실물자산은 아무리 값진 것이라 더 이상 실질적인 재산이 아니다.[52] 국가발전은 재산권 보호제도와 밀접한 관련이 있다. 재산권 보호제도는 헌법, 법률, 정부, 사법부, 의회, 지방자치, 토지등기, 조세, 교육, 교정, 치안 등 관련 제도들과 연결되어 있어서 다른 제도가 정상적으로 작동하지 않으면 재산권 보호제도도 영향을 받는다. 제도적 기반이 약한 나라가 발전하기 위해서는 재산권보호제도 강화에 보다 많은 공을 들여야 하는 이유이다.

원조의 타성(Habitual Routine)

과거의 원조 경험이 있는 중진국은 원조를 통한 지원 모델에 안주하기 쉽다. 이러한 원조에 대한 의존은 새로운 투자 유치나 혁신적인 접근방식을 방해하고 공여국의 선택에 따른 비자발적 산업화를 추진하는 결과를 초래하게 된다. 대외원조가 경제의 단기적인 문제를 해결하는 데는 도움이 될 수 있겠지만, 장기적인 발전전략을 단계적으로 실행하는 데는 한계를 가질 수밖에 없다. 원조는 기반이 취약한 개발도상국이 발전을 시작할 기초 처방을 제공해 주기는 하지만 발전을 지속해 자립적 경제기반을 저절로 만들어 주지는 않는다.

또한 지속적인 원조 제공, 즉 출구전략이 없는 원조는 개발도상국 국내의 생산요소들에 대한 가격책정(Pricing)을 왜곡해 국내 시장경제를 교란하는 원인이 되기도 한다. 예를 들면 공여국의 원조로 댐을 만들 때 가장 효율적으로 댐을 만든 방법은 처음부터 공여국의 설계기술자, 토목기술자 고용비용을 사업예산에 포함해 그들을 댐 건설공사에 투입하면 개발도상국 국내 설계기술자를 고용할 필요가 없게 된다. 개발도상국 국내적 관점에서 보면 보다 양질의 기술자들을 무상으로

대외원조, 그 빛과 그늘

고용하는 것처럼 보인다. 만약 해당 개발도상국에서 다수의 건설사업이 원조를 받아 추진되고 그 사업들이 사업의 효율성과 합리성만을 추구한다면, 고용될 곳이 없게 된 그 나라 댐 설계기술자나 토목기술자(Civil Engineer)는 생겨나지 않거나 직종이 아예 소멸해 버릴 것이다.

실제로 개발도상국에서 이런 일은 종종 벌어진다. 시장의 핵심 기능인 가격책정(Pricing)이 왜곡되는 것이다. 생산성 낮은 목축업이나 축산업이 중요한 개발도상국인 중진국이 있다고 생각해 보자. 이 나라에 한 공여국이 개발도상국에 대한 무상원조 사업의 일환으로 수의사들을 다수 파견하여 가축들의 질병을 관리해 주는 프로그램을 5년간 시행한다. 우수한 교육을 받고 임상경험을 갖춘 외국 수의사들이 무료로 가축들을 진료한다.

그런데 이게 과연 해당 중진국에 도움이 되는 일일까? 해당 개발도상국 목축업 시장에 가장 먼저 나타나는 현상은 공여국 수의사가 상주하는 현대식 장비와 약품을 구비한 클리닉에 소, 말, 양들이 길게 줄을 서서 진료 차례를 기다리는 광경이다. 더욱이 무상원조 사업이기에 치료비도 거의 없을 것이다. 겉보기엔 부자 나라 수의사가 가난한 나라 목축산업을 돕는 아름다운 모습이지만, 그때까지 가축들을 돌보던 현지 수의사에게는 정말 황당한 상황이다. 그렇다고 공여국의 전문기관에서 파견된 수의사들처럼 무료 진료를 내걸 수도 없다. 현지 수의사들의 진료에 대한 시장가격은 폭락하거나 아무도 찾지 않게 된다. 아름다운 이름의 원조가 가져온 예상 밖의 결과이다. 그렇다면 프로그램이 종료된 5년 후의 모습은 어떨까? 공여국 수의사들의 의술이 전수되어 해당 개발도상국 수의사들이 그 자리를 이전처럼 메우고 있을까? 아마도 높은 확률로 해당 개발도상국의 수의사업계는 붕괴되고 형해화되어 있을 것이다. 더 심각한 문제는 이제는 아무도 돈을 내고 가축을 치료하려 하지 않을 것이다. 사람들의 뇌리에 가축치료는 무료라는 공식이 각인되어 있을 것이다. 무상으로 제공되는 원조에 타성이 생긴 것이다. 이제 '중진국의 함정'에서 빠져나오기는커녕 그나마 유지되던 목축업마저 붕괴할 형국이 된다. '중진국의 함정'이 '원조의 저주'로 이어지는 모습일 수도 있다.

한국이 '중진국의 함정'을 뛰어넘을 수 있었던 이유

한국의 성공적 국가발전 사례를 '한강의 기적'이라고 부른다. 특히 '중진국의 함정'이라는 장벽을 힘들게 기어오르고 있는 많은 중진국들은 한국의 경험에서 난공불락의 성벽을 돌파할 방법을 찾아보려고 애를 쓰기도 한다. 한국의 경험은 이미 성공 사례로 널리 인정받고 있기 때문에 미담과 미사여구로 가득 채울 수도 있고 특이하고 재현되기 어려운 한국인의 자질과 특징을 소재로 연대기(Chronicle)를 써 내려가도 많은 관심을 끌 것이다.

그러나 개발원조라는 관점에서 보면 1950년대 원조를 받아 근근이 살아가던 저개발국 한국이 60년 만에 '중진국의 함정'을 넘어선 것은 '전례가 없는 일(Unprecedented Event)'이기도 하지만, 다른 중진국들이 해결하지 못했던 문제들을 한국만의 독특한 방법으로 해결해 냈다는 점에 더욱 특별한 의미를 부여할 수 있다.

　나는 주OECD대표부와 주케냐대사관, 주파나마대사관에 근무할 때 한국이 '중진국의 함정'을 극복한 원인에 대해 궁금해하는 사람들을 많이 만났고 그때마다 내 생각을 가감 없이 말해주곤 했다. 우리나라가 이루어 낸 성과를 자랑하려는 생각도 약간은 있었겠지만, 그보다 한국이 다른 개발도상국들에 나라가 '발전하는 방법(Methods for Development)'을 제시하여 '글로벌 공공선(Global Public Goods)'에 기여해야 한다는 생각이 더 많았다. 파나마에서는 친하게 지냈던 Martinez Acha 외교장관, Hoyos Boyd 통상차관, Villanueva 주한파나마대사와 Sukmo Harsono 주파나마 인도네시아대사, Itai Bardov 주파나마 이스라엘대사 등과 '중진국의 함정'에 대해 많은 대화를 나누었고, 개발도상국들의 다양한 관점에 대해 많이 배울 수 있었다. 그분들은 나의 설명을 경청했고, 한국이 추진했던 발전전략인 '경제개발5개년계획'과 첨단산업 육성에 관해 많은 관심을 보였다.

　나는 한국이 미국 등 공여국으로부터 받은 원조를 통해 이루어 낸 것은 무엇인지, 원조에 대한 의존도를 낮추기 위해 어떤 정책을 펼쳤는지, 발전전략을 수립하고 시행하면서 주력산업을 어떻게 전환해 왔는지, 그 과정에서 기술인력은 어떻게 육성하였는지, 어떻게 기업들이 연속적인 혁신을 이룰 수 있었는지, 한국의 발전을 뒷받침한 제도적 기반은 어떤 것들이었는지 등에 초점을 맞추어 아는 지식을 총동원해서 열심히 설명했다. 이것은 한국의 외교관으로서 해야 할 당연한 임무이기도 했다.

내 설명의 핵심을 간략히 짚자면, 발전과정에서 공여국이 제공하는 대외원조에 지나치게 의존하게 되면 자생적인 경제성장 동력을 상실할 수 있으므로 한국은 원조를 받기 시작할 때부터 자체 능력 배양에 힘썼고, 멀지 않아 원조로부터 탈출하겠다는 의지를 실현하는 전략을 구체적으로 세웠다는 것이다. 한국 정부는 우리나라 경제가 공여국의 원조에 크게 의존하던 제1차 경제개발5개년계획(1962~1966) 때부터 제4차 계획(1982~1986) 때까지 '자립경제'의 달성과 관련된 목표를 지속적으로 추구했다. 이러한 전략은 제1차 계획에서의 자립경제 기반 구축을 비롯하여 제2차의 자립경제 추진, 제3차의 자립적 경제구조, 제4차의 자력성장기조로 이어지면서 한국의 대외원조 탈출 노력을 견인하였다.[53]

또한 한국은 산업구조를 순차적으로 고도화하는 데에도 매우 체계적이고 전략적으로 접근하였다. 한국 정부는 제2차 계획(1967~1971)에서 '산업구조의 근대화'를 기본 목표의 하나로 제시하면서 제3차 계획(1972~1976)의 중화학공업 건설, 제4차 계획의 산업구조 고도화로 연결하고 있다.[54] 정말 놀랍게도 5년마다 주력산업에 대한 육성 정책을 전환하면서 산업구조를 수출주도형으로 구축하는 데 성공한 것이다. 이로써 좁은 국내시장의 한계를 뛰어넘어 국제경쟁력을 높일 기반이 마련되는 과정이 완성되었다.

아마도 혁신이 '중진국의 함정'을 극복하는 핵심 요소라는 데는 이견이 거의 없을 것이다. 어찌 보면 다른 요소들이 모두 갖춰지더라도 빠지면 안 되는 요소, 산업구조의 질적 변화를 가능하게 하는 요소가 바로 혁신일 것이다. 혁신 없이 자본의 양적 투입만 증가시킨다면 시간이 갈수록 자본의 한계생산성은 체감하게 된다. 결국 중진국이 열심히 뛰면서 해외 저축, 즉 대외원조 도입을 증대시키고, 원조사업을 추진하는 과정에서 국내 저축이 증가하더라도 혁신이 없다면 한계생산성 체감으로 인해 성장의 정체가 발생하는 것은 불가피하다. 산업화 발전전략을 채택한 한국이 중진국을 넘어 선진국이 된 핵심 동력이 바로 '혁신'인 것이다. 혁신은 일회성 사건(One-time Event)이 아니다. 흔히 오해하듯이 거창하거나 최첨단을 달리는 기술을 개발하는 혁신만이 혁신인 것은 아니다. 혁신은 연속적이고 점진적이며 축적되는 특징이 있지만 때로 현상을 변경시키는 돌파력(Break-through)과 관련 있다. 반드시 최고급 기술이나 원천기술이 아닐지라도 새로운 부가가치를 만들어 내거나 새로운 방법을 적용한다면 혁신으로 불리기 충분하다.

문화적으로 보자면, 한국에서는 19세기와 20세기에 걸쳐 사람들의 자아실현과 자기 존중감을 속박하던 신분제가 붕괴되고, 일본 식민지배가 종언(終焉)을 고하면서 사회적 참여와 계층이동의 욕구가 폭발적으로 분출하게 된다. 이러한 시대적 상황은 신분 상승의 통로로 여겨진 교육열을 자극하게 되고 그 결과로 수많은 교육받은 인력들이 고용시장에 유입된다. 이들 중 상당수는 기업, 정부, 연구소의 엘리트로 선발되어, 원조를 통해, 혹은 외자 유치를 통해 도입된 고급 기술과 노하우를 한국의 자립기반을 만드는 좋은 재료로 전환하기 위해 노력했다.

시행착오를 거쳐 천신만고 끝에 최초의 고속도로가 건설되면 곧이어 제2, 제3, 제4의 고속도로가 첫 번째 고속도로 건설에서 기술을 습득한 자체 기술진의 주도로 세워지고, 한강 수계에 첫 번째 댐이 공여국 원조를 받아 건설되면 곧이어 많은 수의 댐들이 한국인들의 주도로 건설된다. 고속도로나 댐뿐만이 아니다. 기계공업단지, 비료공장, 석유화학공업단지, 조선소 등 실로 셀 수 없이 많은 분야의 산업들이 공여국 원조를 받아 건설되기 시작된 후 얼마 안 가서 한국 자체 기술진의 주도로 속속 완공되고 운영되었다. 그 과정에서 국내 자본 축적과 외국으로부터의 차관이 증가하면서 무상원조의 비중은 시간이 갈수록 낮아졌다. 대외원조 의존도가 시간이 갈수록 낮아진 것이다.

한국은 이런 기술 축적 과정과 자립기반 강화 과정을 거쳐 1990년대부터 일부 첨단기술 분야에서 선진국을 추월하는 혁신이 시작된다. '중진국의 함정'을 뛰어넘을 수 있다는 가능성이 드러나기 시작한 것이다. 선발 개발도상국으로 부상하면서 한국이 시간이 갈수록 그 중요성이 커지고 그 기술적 적용 범위가 넓어지는 몇몇 핵심기술 분야에서 세계 최고 수준의 기술혁신에 성공했다. 그 중 대표적인 것으로는 반도체 분야의 D램, 낸드플래시, 이동통신 분야의 CDMA(코드분할다중접속방식)가 있다.[55] 이 놀라운 혁신의 결과, 한국은 미래 정보통신기술의 핵심인 반도체와 이동통신에서 오랜 기간 세계적 기술력을 보유하게 된다.

이후 한국은 연이어 수많은 기술 혁신을 이루어 내면서 중진국의 굴레에서 빠져나와 선진국에 진입하게 된다.

대외원조, 그 빛과 그늘

치명적 감염병, 에볼라바이러스의 위협

감염병이 얼마나 무서운 것인지 전 인류는 COVID-19를 통해 다시 한번 깨닫게 되었다. 생명의 위협, 심각한 고통과 후유증뿐만 아니라 세계 각국이 입은 경제적 타격도 측정하기 어려울 정도였다. 특히 개발도상국에서는 선진국들이 겪는 어려움에 더해 개발협력 측면에서의 타격도 있었다. 바로 '인도적 위기(Humanitarian Crisis)'였다. 전국의 의료시스템이 붕괴되고 사람들은 두려움에 휩싸여 쓰러져 가는 상황이 전개되었다. 인도적 위기는 개발도상국들에게는 감당하기 어려운 재앙이다.

지난 2014년 서부 아프리카 지역에서 에볼라바이러스가 창궐하여 수만 명이 감염되었고 많은 사람이 희생되었다. 특히 시에라리온, 라이베리아, 기니의 상황이 심각하였다. 미국, 영국, 캐나다, 프랑스, 덴마크, 노르웨이 등 공여국들이 의료진을 파견했고 그 외 중국, 쿠바 등 개발도상국, 그리고 국제기구, 국제 NGO 등에서도 많은 전문 인력들이 치사율이 50%가 넘는 치명적인 감염병과 맞서기 위해 서아프리카의 세 나라로 향했다.

우리나라도 역사상 처음으로 타국의 감염병 대응 지원을 위해 민관 합동 보건인력 대표단을 긴급구호대 형식으로 선발대를 포함 모두 네

차례에 걸쳐 파견하였다. 외교부, 국방부, 보건복지부, 한국국제협력단(KOICA) 직원과 군의관, 간호장교, 민간병원 의사와 간호사들이 선발대와 긴급구호대에 참가하였다.[56] 나는 영광스럽게도 에볼라 선발대의 대장을 맡아 시에라리온에 파견되어 추후 파견될 우리 의료진 본대의 진료소, 협력기관, 진료지역 등을 정하는 임무를 대원들과 함께 수행하였다. 우리 선발대는 외교부, 보건복지부 공무원과 대학병원 교수, 군의관, 간호장교, 통역장교, KOICA 전문관 등 정예 요원들로 구성되었는데, 하루 천 명이 넘는 감염자가 발생하는 시에라리온 현지에서 임무 수행을 위해 활발히 활동했다. 시에라리온 대통령, 보건장관, 국립병원장, 영국군 의료단 등과 접촉하고 각국에서 파견되어 활동하는 의료진을 만나기 위해 환자들이 입원해 있는 현장 진료소를 직접 찾아가 현장 의료인력과 협의하며 주어진 임무를 완수하였다. 하지만 현지 상황은 심각했다. 시내 도로는 대부분 폐쇄되어 있었고 무장 군인들이 사람들의 통행을 철저히 차단하였다. 정부기관들은 대부분 문을 닫았고 시내 상점과 빌딩들은 모두 철시한 상태라서 소수의 외국의료진용 호텔만이 갈 수 있는 몇 안 되는 공공시설이었다. 우리와 만나서 머리를 맞대고 협의했던 시에라리온 국립병원 의사 중 한 명이 에볼라에 감염되었다는 소식이 우리 대표단에 들려 왔을 땐 모두가 안타까워했고 동시에 매우 불안해했다. 감염된 의사가 에볼라바이러스 잠복기에 있을 때 우리와 만났던 것이기 때문이다.

2014년과 2015년, 저개발국인 시에라리온에서 에볼라 바이러스가 창궐했을 때, 시에라리온은 공공보건 측면에서뿐 아니라 개발 측면에서도 심대한 타격을 입었다. 특히 감염병은 의료시스템을 붕괴시키거나, 사람들의 이동과 활동을 극단적으로 축소시킬 수 있으므로 그 후유증으로 인한 영향은 매우 크다.

시에라리온 사례를 통해 감염병 창궐이 저개발국의 개발 측면에 끼친 부정적 영향은 다음과 같다.

우선, 서부 아프리카 국가들의 사례에서 보듯이 광범위하게 발생하는 치명적 감염병은 이미 매우 취약한 저개발국 보건의료 시스템에 큰 타격을 입히게 된다. 부족한 방역장비와 상대적으로 낙후된 의료시설 수준으로는 감염병 최일선에서 엄청나게 밀려드는 환자들과 직접 대면하는 의료진의 감염을 막을 수 없어 공공보건시스템은 감염병 발생 초기부터 붕괴 위기에 봉착하게 된다. 공여국은 긴급하게 의료진을 파견하지만 이미 바이러스는 확산된 상태여서 치료보다는 감염자 발견이나 격리에 주력하게 되고 공여국이 설치한 치료소가 감염병 대응센터 역할을 한다. 공공의료시스템이 무너지면서부터 해당 개발도상국은 공여국의 보건의료 긴급구호와 인도적 지원에 전적으로 의존하게 된 것이다. 옆 마을의 소방 헬기로 급한 불은 끄지만 자기 마을의 소화전은 고장 나서 못 쓰게 된 상황이 돼버리는 형국이다.

경제적 타격 역시 엄청나다. 기존 진행 중이던 원조사업과 투자사업에 투입되어 있던 공여국의 엔지니어들은 철수했고 건설이 중단된 인프라는 흉한 모습으로 방치된다. 철강은 녹슬고 시멘트는 굳어서 못 쓰게 되기도 한다. 현장에서 단순한 비숙련공의 일을 하던 현지 사람들은 일시에 실업자가 되어버린다. 나중에 사업이 재개된다는 보장이 없어서 정부는 발전계획을 어떻게 수정해야 할지조차 정하지 못하고, 물류와 상업적 거래가 위축되니 대부분 산업에서 경제활동이 감소하고 생산성과 소비가 감소한다.

감염병 확산은 심각한 사회적 악영향도 야기한다. 불안과 두려움은 불신과 오해를 낳는다. 치안이 약화되고 사회적 고립현상이 발생한다. 학교가 휴교하면서 인력양성 기능이 약화되고 기술교육을 받을 기회도 줄어든다. 감염병 대응을 제외한 공여국의 원조 프로젝트들은 대부분 중단되고 지역공동체는 약화된다.

감염병 이후에 대한 체계적 복구계획도 제시되기 어렵다. 치명적 감염병 종식 직후 해당 국가에서 적극적 사업을 전개하고자 하는 나라는 거의 없을 것이어서 복구와 발전계획 수립 역시 요원하다. 일반 원조사업들은 인도적 프로그램으로 바뀌고 무상 현물지원의 형식으로 해당 저개발국에 제공되어 시장의 가격 기능을 무너뜨려 그간 어렵게 일구어낸 미약한 기반까지 흔들어 버리기도 한다.

'감염병 위기'가 '인도적 위기'로 전환되고 '인도적 위기'는 '개발 위기'로 다시금 변화하면서 해당 저개발국의 발전에 회복하기 어려운 상처를 입힌다.

나는 시에라리온 에볼라 선발대 임무를 마치고 귀국하는 기내에서 많은 생각을 하면서 왔다. 처음 직면한 감염병이라는 개발의제에 대해 두려움이 엄습했다. 치명적 감염병으로 인해 발생된 인도적 위기는 다

대외원조, 그 빛과 그늘

른 개발 관련 문제들과는 성격이 전혀 다른 것이라는 생각이 들었다. 엄청난 피해를 입은 해당 저개발국에 대한 대대적인 인도적 지원을 종료하고 다시금 발전의 트랙으로 돌려놓는 일이 과연 가능할까?

결국은 '출구전략(Exit Strategy)'을 짜고 이를 차질 없이 이행하는 문제일 것이다. 역량 있고 의지를 가진 개발파트너가 반드시 필요하다. 하지만 누가 이 어려운 일을 함께할 것인가? 도전이 두렵다 해도 누군가는 나설 것이다. 이때 필요한 것이 바로 전 세계 차원의 개발협력 계약, 즉 '글로벌 컴팩트(Global Compact)'가 아닐까?

대외원조로 치안과 안보 불안을 치유한다

꽤 오래전, 전쟁 상황이던 소말리아를 방문한 적이 있다. 소말리아는 여행금지 국가지만 허가를 얻어 외교 목적의 공무 출장을 간 것이다. 말로만 듣던 전쟁이 진행되는 취약국가(Fragile and Conflict-Affected Countries)를 직접 방문하여 개발협력의 시각에서 발전 문제를 살펴볼 수 있던 의미가 큰 출장이었다.

그때 나는 수도 모가디슈(Mogadishu)로 향했다. 유엔에서 운용하는 수송기에서 내리니 소말리아 외교부 직원과 유엔평화유지군 장갑차가 우리 대표단을 기다리고 있었다. 시내에서도 테러 공격과 총격전이 빈번히 발생하기 때문에 승용차가 아닌 장갑차가 나온 것 같았다. 달리는 장갑차의 작은 창밖으로 보이는 시내는 황량했다. 문을 연 상점은 거의 볼 수 없었고 부서진 건물 잔해가 여기저기 널려있었다.

내가 본 소말리아의 개발의제는 '평화'였다. 오랜 내전과 국제전쟁[57]으로 사실상 무정부 상태가 된 소말리아는 평화가 없다면 아무것도 시작조차 할 수 없는 상황으로 보였다. 취약국가들은 많은 경우, 국제원조기구들의 집중적 지원을 받는다. 말하자면 원조 소외국가(Aid Orphan)가 아니라 원조가 몰려드는 국가, 다시 말해 'Aid Darling'이 된 것이다. 그러나 이때 제공되는 원조는 개발을 위한 원조가 아니라 대부분 '인도적 지원(Humanitarian Assistance)'이다. 스스로의 힘으로 자립하도록 돕는 원조가 아니라 하루하루 생존만을 해결하는 초단기의 고단위 진통제 처방인 셈이다. 이런 원조는 받을수록 가난해지고 받을수록 의존성이 커진다. 하지만 살아남기 위해서는 원조를 받을 수밖에 없는 것이 냉혹한 현실이다.

이 문제는 또한 취약성(Fragility)의 문제이기도 하다. 취약성은 워낙 복합적인 원인들이 얽혀 있어 문제해결에 오랜 시간과 노력 그리고 많은 에너지가 소요된다. '인도적 지원'의 전달은 해당 국가의 정부가 너무나 무능하고 부패했다면 관련된 국제기구가 대신할 수도 있다.

그러나 공여국들로부터 개발원조를 받아 발전을 이루는 일은 절대 국제기구가 대신해 줄 수 없다. 발전전략의 수립과 이행의 필수조건은 개발의 성과를 누릴 주인공인 개발도상국이 운전석에 앉아 있는 것이다. 일단 운전석에 앉았다면 작동하지 않는 시스템을 작동하도록 하는 1단계 조건은 충족된 것으로 볼 수 있다. 운전석에 앉는 것, 일견 별것 아닌 쉬운 일이라 할 수도 있겠지만, 실상 이런 상황을 맞닥뜨리면 엄청난 준비작업이 필요한 어려운 일이라는 것을 금방 알게 된다.

기본적인 국가시스템과 경제시스템이 작동하게 되려면 무엇보다도 거버넌스가 유지되어야 한다. 우선적으로 행정부가 기능을 해야 하는데 행정부의 기능 중 가장 필수적인 것이 시민의 안전 유지이다. 시민의 안전은 대내적으로는 '치안'이고, 대외적으로는 '안보'라고 할 수 있다. 이는 '먹고 사는 문제'인 경제보다도 더 중요하다. 왜냐하면 이것은

'죽고 사는 문제'이기 때문이다.

이러한 측면을 '개발의 관점'에서 살펴보면 취약국가에 대한 원조 우선순위가 재검토될 필요가 있다는 생각이 든다. 두 가지 목적의 원조가 모두 중요하지만, 취약국 문제는 인도적 지원으로 해결해야 하는 문제라기보다 시민들의 안전을 강화함으로써 시스템이 작동하게 하는 방법으로 해결해야 하는 문제이다. 그래야만 개발계획을 수립할 수 있거니와 '원조의 종료'를 그 계획에 포함할 수 있다. 물론 불안한 치안 문제는 취약국가만의 문제는 아니다. 중남미 지역 역시 살인, 마약, 조직범죄 등 폭력으로 인한 치안 불안이 커다란 사회문제가 되고 있다. 그중에서도 폭력 범죄 발생률이 특히 높은 중미 북부 삼각지대 국가들[58]의 경우, 폭력으로 인한 경제적 손실이 GDP의 16%에 이르기도 할 정도로 심각하다. 이러한 치안 불안으로 바깥으로 빠져나가는 불법 이민이 급증하게 하기도 하고, 폭력 조직에서 취학연령의 어린 청소년들을 끌어들여 학교 교육에 큰 타격을 주기도 한다.[59] 안보만큼이나 치안도 국가의 가장 중요한 기능이고, 정부가 수행해야 할 최우선의 과제이다. 치안이 확보되지 않으면 발전과 번영이 없으므로 질서가 파괴되지 않도록 하는 것은 가장 중요한 발전의 조건이다. 시민들의 안전 확보, 즉 치안과 안보는 모두 국가의 독점적 물리력의 확보로 귀결된다. 정부가 일단 안전에 대한 통제력을 잃어 국민이 극심한 치안 불안에 빠지면 국가 질서를 회복하기 어렵게 되고, 사회는 불법 세력과 폭력 세력에 의해 심각한 위협을 받게 된다. 간단해 보이지만 이 문제는 대단히 복잡해서 어디부터 손을 대야 할지조차 가늠이 안 될 정도이

대외원조, 그 빛과 그늘

다. 복잡한 사안의 해법은 실제 사례에서 실마리를 찾을 수 있다.

　한국이 저개발국이던 1953년 한국 정부는 세계 최강국 미국을 설득하여 한미상호방위조약을 체결함으로써 대외적 안보를 확보하고, 이어 1960년대 초 전격적으로 단행된 부정부패 척결, 깡패 소탕 등 강력한 치안력 발동을 통해 뿌리 깊은 사회악을 제거함으로써 '국가권력의 압도적 우위'를 실현하였다. 1961년 집권한 박정희 정부는 공무원과 정치인이 부패하지 않도록 엄격한 법과 규제를 도입하였으며, 뿌리내리고 있던 부정부패를 근절하기 위한 조사와 처벌을 강화했다. 또한 시민들의 일상생활과 안전을 위협하던 범죄 조직과 깡패 세력을 소탕하기 위해 대대적인 단속 및 검거 작전을 실시하고, 범죄자들을 엄중히 처벌하였다. 이때 한국 정부는 치안 분야의 역량을 강화하면서 한편으로 한미상호방위조약을 활용, 국방 현대화를 지속 추진하여 대내적 치안 강화와 병행하여 대외적 안보 강화를 도모하였다.

　이렇게 확보된 '시민들의 안전'은 이후 본격적으로 시작된 경제개발5개년계획이 순조롭게 추진될 수 있는 기반이 되었고, 나아가 국민 개개인이 경제적으로 잘살아보려는 의욕을 고취하여 발전의 선순환(Virtuous Cycle)을 만들어 낸 기반이 되었다.

　이러한 한국의 조치는 저개발국의 발전정책 우선순위를 정함에 있어서 시사하는 바가 크다.

소말리아 해적

나이로비에서 근무할 때의 일이다. 싱가포르의 선박회사가 소유한 제미니호가 케냐 인근 해상에서 소말리아 해적들에게 납치되는 사건이 발생하였다. 얼마 지나지 않아 선사와 해적 간 협상으로 선원들이 대부분 석방되었으나, 해적들은 약속을 어기고 선장 등 한국인 선원 4명만은 석방하지 않고 다시 납치하여 소말리아 내륙으로 끌고 갔고 사건은 장기화되었다. 1년 7개월이 지난 2012년 12월 싱가포르 선사의 지속적인 협상과 외교부 본부 및 주케냐대사관을 비롯한 우리 외교당국의 노력, 그리고 청해부대 강감찬함의 소말리아 인근 해역에서의 성공적 구출 작전으로 한국인 선장과 선원들이 전원 석방되어 무사 귀환하게 된 것이다. 무척이나 힘들고 어려운 과정이었으나 납치되었던 분들이 모두 무사히 귀국하시게 되어 참으로 다행이었다. 나는 대사관에서 제미니호 납치 사건을 담당하면서 국가발전과 치안, 그리고 더 나아가 안보와의 관계에 대해 많은 생각을 했었다. 아마도 주케냐대사관 근무 직전에 주OECD대표부에 있으면서 취약국가(Fragile State) 관련 회의에 종종 참석했기에 관심이 많아졌기 때문이기도 할 것이다. DAC 관련 회의인 취약국가 회의에서는 취약국가가 처한 거의 모든 상황들을 논의의 주제로 삼는다. 그렇다 보니 논의 내용들을 깊게 고민하지 않으면 일반적인 개발도상국 관련 논의와의 차이점을 발견하기 어려운 경우도 많았다.

하지만 취약국가 중 하나라고 불리는 소말리아와 현실에서 맞닥뜨리니 문제가 분명하게 드러났다. 영사업무를 할 때 우리 국민의 안전 문제가 발생하면 가장 먼저 접촉하여 협의 채널을 열어야 하는 곳은 바로 주재국 또는 겸임국 정부 당국이다. 당시에 소말리아는 주케냐대사관의 겸임국이었다. 하지만 전쟁, 테러, 해적 준동 등으로 극심한 치안 불안 상태가 계속되고 있어 정부 기능은 작동하지 않았고, 사실상 무정부상태여서 접촉할 정부 당국을 아무리 찾아봐도 찾을 수가 없었다. "무정부상태" 이것이 문제의 근원지이고 시발점이었다. 국가의 치안이 악화되면서 정부기능이 약화되면 무장세력, 불법단체, 군벌, 마약 조직, 해적, 폭력 조직이 날뛰게 된다. 그러면 정부는 더욱 약화되고 치안은 극단적으로 불안해져 급기야는 무장세력이나 범죄 조직이 정부를 좌지우지하는 지경에 이르게 되기도 한다. 발전은 고사하고 국가의 존립조차 보장하기 어렵게 되는 것이다. 취약국가의 대표적인 취약점은 바로 치안 악화로 인한 정부 기능의 상실이었다.

치안이 확보되지 않으면 아무것도 안 된다는 게 제미니호 사건을 통해 본 취약국가에 대한 나의 경험이다. 이런 측면에서 개발도상국의 발전은 그 시작점이 치안이라고 해도 틀린 말은 아닐 것이다. 국민들의 일상생활이 보호받지 못하고 사유재산권이 보장되지 못하고 범죄 조직을 처벌하지 못하는 환경에서 '국가발전'에 대한 논의는 '사치'이고

'사상누각(沙上樓閣)'이다. 그런 나라에 제공된 원조물자는 범죄조직에게 탈취되어 취약국가를 더욱 취약하게 만들 수도 있다. 예외적인 경우가 없진 않겠지만, 개발협력분야에서 '취약국가' 문제를 다룰 때는 다른 문제보다 '치안역량강화' 문제를 우선해서 다루어야 할 것이다. 당연히 취약국 정부의 치안력 강화를 체계적으로 지원하는 원조 정책을 깊이 고민하고 해당 국가 정부와 긴밀히 협조하여 근본적인 대책을 강구하는 것이 최우선적 대책일 것이다. 취약국가에 제공된 대외원조로 치안이 확보되어 국민들의 평화로운 일상생활이 보장된다면 취약국가 상태로부터의 탈출은 시간문제일 것이다. 이처럼 대외원조를 통한 개발협력의 방법은 수원국의 상황에 따라 달라져야 함은 물론이다.

06

대외원조의 활용과
발전의 리더십

Official Development Assistance

ODA

대외원조는 정치학과 경제학만으로는
설명될 수 없는 것

OECD DAC(개발원조위원회)는 빈곤감소를 위한 지침(Guideline for Poverty Reduction)을 업데이트하고 각 수원국의 빈곤감소 성과와 정책적 시사점에 대해 의견을 교환한다. 다양한 의견과 사례들이 소개되는데 성과가 낮을 때 원조의 규모를 증가시키는 것이 좋겠다는 정책권고가 나오기도 한다. 하지만 한편으로는 아무리 원조 규모를 증가해도 정책 효과가 별반 차이가 없는 경우도 있는데, 이때 피상적인 관찰만으론 정확한 이유를 찾아내기 어렵다.

대외원조는 역사적, 문화적, 사회적, 인도적 측면 등 다양한 요소가 얽혀있어서 정치적 목적이나 경제적 계산만으로는 그 성과를 파악하거나 예측하기가 어렵다. 또한 인도적 지원의 요소를 포함한 원조의 경우, 인류공동체로서 도와야 하는 도덕적 의무(Moral Obligation)나 특별한 연대감(Special Solidarity)에서 출발하며, 이는 정치적 이익이나 경제적 이득과는 별개의 문제로 간주하기도 한다. 대외원조는 국민적 정서와 매우 밀접한 관련성을 갖는데 원조 파트너국가에 대한 수원국의 국민 정서는 정치 역학, 공공 여론, 외교적 이해관계 등에 영향을 주고 때때로 해당 개발도상국의 국론 분열까지 불러일으키기도 한다. 1965년 한일국교정상화 당시 양국 간 합의된 대로 일본의 한국에 대한 무상공여와 차관을 받으려고 했지만, 역사 청산이 제대로 안 된 상태에서 논의되던 대일청구권 문제 등이 많은 한국 국민들의 강력한 반대에 부딪힌 사례가 있었다.

한편, 문화적 요인 역시 원조에 대해 영향을 끼치는 데 문화적 맥락, 가치관, 지역 관습이 원조의 인식과 시행 방법에 많은 영향을 끼치는 것으로 보이며, 특히 원조에 대한 국민들의 태도와도 관련이 많은 것 같다. 학문적으로 검증된 주장은 아니지만 나는 한국인에게는 남에게 무상으로 도움을 받는 데 대한 수치심과 반감이 가슴 속에 자리 잡고 있다고 생각한다. 또한 남에게 도움을 받기보다는 혜택을 베풀어야 한다는 정서도 강하다고 생각한다.

아마도 '원조를 받던 나라에서 원조를 주는 나라로'라는 슬로건에 한국인처럼 강한 감동을 느낀 민족은 거의 없었을 것이다. 한국 국민들은 우리나라가 '원조에서 졸업'한 사건을 엄청나게 명예로운 일로 인식했고 커다란 자부심을 느꼈다.[60] 이는 발전과정에서 '원조로부터의 탈출전략'을 얼마나 중요하게 다루느냐를 결정하는 핵심 요소로 정치적 또는 경제적 이론만으로는 충분히 설명하기 어려운 부분이다.

국제개발협력 전문가들 중에는 제프리 삭스(Jeffrey Sachs) 교수처럼 원조를 옹호하는 학자가 있는가 하면, 잠비아 출신 경제학자인 담비사 모요(Dambisa Moyo) 박사와 같은 비관론자가 공존하면서 개발원조의 긍정적 측면과 부정적 측면을 설명하고 있지만 한국의 사례와 소말리아의 사례를 각각 살펴보면 한 가지 시각으로만 설명하기 어려운 것이 사실이다.

물론, 개발경제학(Development Economics)이라는 학문에서 개발도상국들의 발전이론을 다루고 있고 정치학이나 발전행정론에서도 개발도상국의 외교정책이나 발전정책을 연구하고 있지만 정치학, 경제학 이론만으로 설명하기 어려운 다양하고 복잡한 구성 요인 간 상호작용이 원조의 성과를 전혀 다르게 만들고 있는 것이 현실이다. 이러한 측면에서 한국에 대한 원조 성과와 발전에 대한 평가는 모든 측면에서 매우 긍정적이라고 할 수 있는데 문화적, 정서적으로 원조를 받는 것을 불편하게 여기는 특성도 하나의 중요한 원인 중 하나라는 생각이 든다. 한국인들은 1950년대 외국의 원조를 본격적으로 받기 시작했을 때부터 원조를 그만 받아도 되는 시간을 고대했을 것이다. 그리고 그 시간은 한국인들이 예상했던 대로 빠르게 다가왔다.

대외원조, 그 빛과 그늘

꼬리표가 붙어 있는 국가 예산,
꼬리표를 붙여야 하는 원조 재원

간과되고 있지만 수원국인 개발도상국의 입장에서 정부 예산과 대외원조자금을 어떻게 분리하고 관리하는지는 원조 성과에 있어 많은 차이를 가져오게 된다. 따라서 원조자금이나 원조물품 관리와 활용에 있어서 가장 중요한 것은 투명성과 효율성, 그리고 효과성이다.

대체로 저개발국가들은 공여국의 원조를 환영하는 경우가 많다. 세금의 원천이 취약하니 정부 예산은 늘 부족하여 국가 재정에 원조의 비중이 높은 것이 보통이다. 그러나 정부 예산과 대외원조는 모두 정부가 공공 서비스를 제공하고, 인프라를 개선하며, 사회적 문제를 해결하는 데 사용되므로 집행하는 시점에서 구분하는 것이 어렵다.

어느 정도 규모를 예상할 수 있는 예산과 달리 원조는 대부분 단기간에 제안되는 것이 일반적이다. 공여국이 수원국에게 즉시, 또는 1~2년의 후에 제공할 원조 수요를 제출해 달라고 요청할 때도 있다. 이때 계획에 없던 원조수요가 급조되기도 한다. 국회의 심사도 거치지 않고 감사기관도 당초 정부 예산에 포함되어 있지 않은 사업이니 담당 부서의 보고에서 누락되면 공여국의 원조가 어디에 배정되었는지 알기도 어렵다. 그러한 이유들로 인해 외부에서 유입된 대외원조는 그 규모나 사용처가 불분명하여 문제가 되기도 한다. 내가 근무했던 나라들 중 원조예산 집행이 문제가 된 나라도 있었다. 교육분야에 쓰기로 되어 있는 원조자금인데 지출이 불투명하다는 비판이 일기도 했었다.

개발분야 국제기구들은 이러한 문제를 방지하기 위해 원조자금을 정부 예산과 다른 사업목적, 즉 개발목표 달성에 사용하라고 권고한다. 형식적으로는 맞는 말이고 타당한 권고이다. 그러나 개발도상국 현장에서는 정부 예산의 사용 분야인 공공서비스, 교육, 치안, 산업, 국방, 에너지 등과 원조자금 사용 분야인 개발목표 달성이 구분되기 어렵다. 현실에서는 개발목표가 바로 인프라, 양성평등, 환경보존, 에너지 접근성, 의료, 식량 등 분야이고 정부의 주요 정책 대상이 되는 분야이다. 돈이 섞여버릴 개연성이 매우 높고 자금흐름도 알기 어렵다. 비슷한 프로젝트인데 자금을 관리하는 부서가 몇 개가 될 수도 있다. 전문성보다는 원조사업을 위한 자금을 따낸 부서들의 목소리가 커지고, 결국 사업의 효과성과 투명성도 도전받게 된다. 취약한 예산 관리 시스템이 원조자금 관리 시스템을 약화시키고 정부의 거버넌스에 부정적 영향을 미치게 된 것이다.

그러나 한국은 유입된 원조자금 관리에서도 탁월한 능력을 보였다. 1961년 집권한 박정희 정부는 본격적으로 국가발전계획 수립과 조정을 통합하여 관리하는 기능을 수행할 '경제기획원(EPB)'을 창설하였다. 경제기획원은 저개발국인 상태에서 국가발전에 착수한 한국 정부의 국가발전전략을 총괄하면서 정부 예산, 원조자금의 관리와 배정, 발전 프로젝트의 기획과 조정을 모두 담당하는 강력한 기구였다. 당시 한국 정부의 내각회의에서조차 경제기획원의 권한이 지나치게 강하다는 비판이 거세게 일기도 했다.[61] 그러나 당시 한국 정부는 경제기획원 설치를 관철했고, 경제기획원은 창설 직후 착수된 경제개발5개년계획을 무려 7차에 걸쳐 35년 동안 성공적으로 선도하고 기획하고 조정하였다. 이 과정에서 경제기획원은 외부에서 유입되는 원조자금에 일일이 '꼬리표'를 붙여서 정부 예산화하여 사용하고, 관리하면서 예산 책정과 재정정책을 주도한 것이다. 즉, 한국은 다른 개발도상국들이 빠져나오지 못하고 많은 고통을 겪었던 대외원조자금의 내생적 문제인 투명성 저하 문제와 효율성 문제를 한꺼번에 해결한 것이다.

국가발전을 위한 기관형성(Institution Building)

나는 개인적으로 개발도상국이 발전을 지속하고 번영을 이루기 위해서는 '주인의식과 국가발전전략 그리고 기관형성'이 반드시 갖춰져 있어야 할 필수 요소라고 생각한다. 마치 현명한 학생이 장거리 레이스인 대학입시를 준비할 때 우선 국영수의 기반을 튼튼하게 다지고 나서 여타 과목들을 빠른 시간에 준비하는 것과 같은 방식이라고 할까?

그중에서 '기관형성(Institution Building)'은 개발도상국이 발전과정에 변화혁신을 도입·수용하기 위해 공적 부문과 국가적 수준의 조직에 '변화의 역군(Agent for Change)'을 만들어 내는 것이라 할 수 있다.[62] 개발협력 또는 공적개발원조(ODA) 업무를 하다 보면 개발도상국들이 그들의 정부조직을 형성하면서 천편일률적으로 일반적인 정부조직구도를 운영하는 것을 많이 보았다. 대통령실, 외교부, 재무부, 상공부, 건설부, 교육부, 투자진흥청, 관세청 등 정부가 제공하는 공공서비스를 중심으로 정부 조직을 구성한 것이다. 평범하고 무난한 조직구성이라 할 수도 있겠지만 발전을 일으켜낼 '변화의 역군'이 보이질 않았다. 개발도상국 정부 조직이 전통적 정부기관 구성 방식을 그대로 따른다면 해당 개도국의 발전을 위해 필요한 변화는 누가 일으키고 주도할 것이며 발전을 위한 돌파구(Breakthrough)는 누가 만들어 낼 것인가?

개발도상국은 그 나라의 특수한 사정을 전략적으로 활용하여 상대적 우위를 확보하거나 약점을 보완해야 한다. 특수한 상황은 일반적으로 전략적 포인트이다. 이러한 전략 포인트는 나라마다 상황마다 다르겠지만 잘 분석해 보면 찾아낼 수 있을 것이다. 기관형성은 이런 상황에서 공식 기관을 적절히 설치하고 임무를 부여해서 발전을 위한 변화를 일으키는 작업이다. 현상(現狀, Status Quo), 즉 변화 없이 현재의 관성을 유지하는 상태를 깨뜨려야 혁신이나 발전이 가능해진다. 기관형성은 정부가 그러한 조직이나 기관을 만들어내서 발전을 위한 변화를 일으키는 것이다. 별다른 변화 없이 관성(Inertia)의 힘으로 움직이고 있는 개발도상국의 현 상태를 타파하기 위해 '발전을 위한 돌파구(Breakthrough for Development)'를 전담해서 만드는 일을 하는 기관을 설치하는 것이 바로 기관형성이다. 그러므로 발전을 추구하는 개발도상국에게 기관형성은 매우 중요한 정책수단이기도 하다.

그렇지만 기관형성으로 인해 생겨난 기관은 만들어지기만 하면 그대로 두어도 작동하는 마술자동차(Magic Vehicle)는 아니다. 기관형성은 축적된 지식과 경험이 있어야 하고 해당 기관이 기능할 수 있는 시설과 장비, 법규와 권한 그리고 임무의 부여와 같은 고도의 정책적 준비와 조치가 필요하다. 다시 말해서 경험과 능력을 갖추고 수원국과 발전목표를 공유한 공여국의 협조와 지원이 필요하다는 것이다. 기간은 한번 설치하면 없애기 쉽지 않다. 없애는 데 큰 비용이 들기도 하고, 그렇다고 없애야 하는 기관을 계속 존속시키면 발전의 기회를 상실하게 되거나 잠재력이 잠식되기도 한다. 그래서 기관형성에는 신중을 기해야 하고 수년 또는 수십 년을 전망하는 통찰력을 가져야 한다.

　공적 기관을 설립하여 발전을 위한 '변화의 역군'으로 활용하는 데 있어서도 한국은 발군의 실력을 보여주었다. 1950년대 말 한국 정부는 미국 미네소타대학과 협력하여 새로운 부류의 관료들을 만들어 내기 위한 기관으로 국립대학인 서울대학교에 행정대학원을 설치하였으며, 이어 1961년 발전계획과 예산의 일체화를 위해 경제기획원을 설립하였다. 이는 경제개발5개년계획이라는 일련의 국가발전계획을 수립하고 집행 · 조정하는 기능이 작동하는 기반이 될 정도의 일로 평가된다. 이어 1971년 경제기획원의 기능을 보다 활성화하기 위해 한국개발연구원(KDI)을 설립하였다.[63] 또한 농업진흥과 농업기술발전을 위한 농촌진흥청, 중소기업 지원을 위한 중소기업청을 미국 등 공여국의 지원을 받아 설립하였고 한국과학기술연구소(KIST), 국방과학연구원(ADD), 한국전자통신연구원(ETRI) 등 과학기술 분야 국책연구소들도 미국을 비롯한 공여국들의 직 · 간접적 협조를 받아 설치하였다. 이렇게 설치된 기관들은 해당 분야 고급 기술과 정책개발의 불모지였던 한국의 기술 수준을 단기간에 급상승시켰으며, 한국의 발전과정에서 지속적인 혁신을 이루어 내는 역할을 수행했다. 한국이 지속적으로 경제개발계획을 성공시킨 데에는 기관형성 정책의 일환으로 설립된 여러 공적 기관들의 기여가 컸다고 할 수 있다.

그중 미국의 지원이 컸던 한국과학기술원(KIST) 설립은 개발도상국 한국의 과학기술 역량을 획기적으로 제고하는 결과를 가져온 대표적 기관형성의 사례였다.[64] 한국 정부는 1960년대 초부터 산업을 통한 경제개발을 이루기 위해 가장 필요한 것이 기술인 것을 인식하고 있었다. 그러나 그 당시 기술 불모지나 다름없던 신생국 한국에서 고급 기술을 개발하는 기관을 만들어 내는 것은 매우 어려운 일이었다. 이 시기 박정희 대통령과 존슨 대통령 간 한미정상회담이 열렸고 존슨 대통령은 한국군의 베트남 파병에 대한 감사를 표시하며 과학기술 종합 연구기관 설립 지원을 약속했다. 이 내용은 1965년 5월 한미정상회담 공동 성명서에 포함되었고 미국의 원조 1,000만 달러, 한국 정부 재원 1,000만 달러가 투입되어 1966년 한국과학기술연구소(KIST)[65]가 설립되었다. 당시 한국의 경제 상황으로는 막대한 규모의 비용이 소요된 것이다. 주목할 만한 점은 KIST의 설립 목적이 순수학문 연구가 아니었다는 점이다. 산업 발전, 특히 공업화와 관련된 기술 연구가 목적이었다. 저소득국가에서 무슨 연구냐는 비판이 일기도 했으나, KIST는 철강산업, 중화학공업, 전자산업, 조선산업, 자동차공업 등 산업기술의 기본계획을 수립하였고 포항제철 탄생의 산파 역할을 하기도 하였다. 2014년 발표된 기술경영경제학회 보고서에 따르면 1966년 설립 시기부터 2012년까지 KIST가 창출한 사회경제적 파급효과는 595조 원에 이른다고 한다. 한국이 저개발국에서 출발하여 중진국의 함정을 넘어 선진국이 된 배경에는 과학기술 분야의 대표적 기관형성 사례인 KIST가 있었다고 해도 과언이 아니다.

원조 활용의 리더십

대외원조는 대단히 정치적인 분야이다. 또한, 정치적으로 매우 민감한 분야이기도 하다. 이것은 수원국뿐만 아니라 공여국에도 마찬가지이다. 수원국 중에는 특정 공여국으로부터 원조를 받는 것을 그 나라와 매우 친밀하다는 대국민 메시지로 활용하는 경우도 있다. 정당이나 정치지도자가 자신들의 국내외적 정치 기반을 강화하거나 과시하기 위해 원조를 이용하는 것이다. 이러한 정치적 제스처는 부정적으로 볼 일만은 아니다. 특히 경제 규모가 작거나 소득 수준이 낮은 개발도상국의 경우, 웬만한 규모의 원조사업의 기공식(Groundbreaking Ceremony), 완공식(Completion Ceremony), 전수식(Handover Ceremony)에는 대통령이나 영부인, 부통령, 총리 등 최고위층이나 실세 정치인이 각국의 외교사절, 지역 고위 인사들과 함께 참석하여 공여국의 기여에 큰 의미를 부여하는 일이 거의 관행처럼 되어 있다. 행사에 참석한 정치지도자들은 연설문을 낭독하면서 공여국이 제공한 대외원조 사업의 중요성을 강조하고, 양국 간의 특별한 관계가 자신의 업적임을 내세우기도 한다.

당연하고 의례적인 대외원조 사업 관련 행사에 참석하던 중에 나는 개발도상국의 정치지도자들 사이에 중요한 차이가 있는 것을 알게 되었다. 그러한 차이는 쉽게 감지되지는 않지만, 잘 살펴보면 대외원조 행사에서 어떤 지도자는 발전을 이루겠다는 신념과 의지가 있었고, 또 다른 어떤 지도자는 형식적인 미사여구로 공여국에 감사를 표시하는 데 그쳤다. 두 지도자 모두 다 원조사업을 제공한 공여국의 체면을 세워주고 지속적 협력관계를 강조한 것이기는 하지만 그 안에는 '리더십의 차이'가 숨어 있었다.

발전을 이루는 리더십을 가진 지도자의 연설을 듣다 보면 '귀 공여국이 원조를 제공해 주어서 감사하다'라는 말에 방점이 있는 게 아니라 '당신들이 제공해 준 원조를 가지고 우리는 더 큰 발전을 이루어 낼 것이다'에 본심이 들어 있는 것을 알게 된다. 이런 행사가 거듭되면 공여국 외교사절들은 주재국[66] 지도자의 의지와 리더십을 알아채고 본국에 보고할 것이고, 행사에 참석한 수원국 국민들은 그가 은연중 제시한 국가발전의 방향을 차츰 이해하고 공감하게 될 것이다.

이 두 가지 반응은 모두 큰 반향을 가져온다. 공여국 정부는 자국 외교관들의 보고를 통해 해당 수원국의 발전에 대한 태도와 가능성에 대해 이해하게 되고, 나아가 개발파트너십에 진지한 협력 의사를 표명하게 된다. 지금은 원조 관계가 양국 간 협력의 대부분을 차지하고 있더라도 후일 투자 관계, 통상 관계로 전환될 것을 염두에 두고 협력 방향을 정한다.

한편, 수원국 국민들은 공여국과는 달리 지도자가 보여주는 발전을 향한 계획과 실적에 공감하고 때때로 열정적으로 지지한다. 이것이 리더십의 힘이다. 발전을 위한 리더십은 대외원조를 받을 때도 여실히 드러난다. 선진국이 화력발전소 몇 개를 건설해 주었는데, 몇 년 후 그 수원국은 자국이 주도하여 여러 개의 더 큰 화력발전소와 수력발전소를 자체 기술자들의 힘으로 건설한다. 비단 발전소뿐만이 아니다, 도로, 철도, 항만 등 인프라건설, 제조업을 근간으로 한 산업기반 구축, 교육제도, 기관형성, 재정관리 등 거의 대부분의 분야에서 발전과 혁신이 이렇게 원조로 시작한다. 그 이면에는 '원조 활용의 리더십'이 자리 잡고 있다.

　발전의 여정을 시작하는 저개발국가에 있어서 국가발전계획의 중요성은 더 말할 나위가 없다. 하지만 산업기반이 취약하고 기술 수준과 자본력이 떨어지는 저개발국가는 자력으로 제대로 된 국가발전계획을 이행해 나갈 수 없는 것이 보통이다. 이때 대외원조는 '발전의 여정(Journey for Development)'을 시작하는 환상적인 시동장치(Fantastic Starter)가 될 수도 있다. 앞서 살펴본 한국과학기술연구원(KIST)의 사례처럼 공여국 미국의 원조가 1960년대 초반 과학기술 불모지 한국에 경제개발5개년계획을 추진해 나갈 산업연구분야 동력을 마련해 준 것은 환상적인 시동장치의 현실판이라고 할 수 있다. 저개발국에서 가장 중요한 국가정책은 '발전'이다. 정책은 알파부터 오메가까지 모두 다 정부가 하는 게 아니다. 시동을 걸고 방향을 잡은 후, 확산되고 심화되도록 유도하며 지켜보는 것이다. 이때 '원조 활용의 리더십'이 나라의 운명을 바꾸기도 한다.

대외원조는 외국으로부터 온 것이다. 원조로 시행된 프로젝트 사업이나 프로그램 사업은 사업 기간이 종료되면 그 성과도 서서히 사라지게 된다. 시행을 담당했던 주체가 떠났기 때문이다. 그래서 외래기술을 자신의 것으로 바꾸고 외국 정부가 수립한 정책을 배워 자기에게 필요한 정책으로 바꾸어 나가는 것이 중요하다. 전환(Conversion), 적용(Application), 심화(Deepening)가 수원국 정부가 해야 할 '정책적 개입(Policy Intervention)'의 핵심이다. 이러한 정책적 개입 없이 외국의 원조는 수원국 발전역량으로 전환되기 어렵다. 이때 정책적 개입은 세심하고 철저하게 준비돼야 하고, 필요한 부분은 공여국의 지원을 받아야 한다. 이 과정이 작동하는 데 필요한 것이 지도자 혹은 정부의 원조 활용의 리더십이다.

원조 활용에 있어 리더십이 중요한 또 다른 이유는 공여국의 대외원조 프로그램 제공 매뉴얼에 그런 내용은 기재되어 있지 않기 때문이다. 그래서 원조사업을 시행할 때 수원국 지도자의 리더십의 역할과 중요성이 간과되기 쉽다. 원조사업은 성공했는데 남는 것이 별로 없는 상황이 발생하는 일이 빈번하게 반복된다. 공여국들은 수원국의 주인의식(Ownership)을 배양한다면서 많은 수원국 주민들을 고용한다. 고용이 증가하고 지역경제가 활성화된다.

그러나 그때뿐이다. 반짝 한때의 특수(特需)가 사람들에게 장미빛 미래에 대한 막연한 기대를 갖게 하고, 이러한 상황은 수원국 정부로 하여금 원조프로젝트를 계속 발굴하게 만든다. 현대적 기술을 적용한 많은 원조사업들이 일시적 성공 또는 부분적 성공에 그치는 이유는 의외

대외원조, 그 빛과 그늘

로 간단하다. 많은 원조사업 현장에서 실제 중요한 작업은 거의 예외 없이 공여국에서 온 사업관리자(PM: Project Manager)와 엔지니어들이 다 했기 때문이다. 사업 현장에 모여 있는 많은 수원국 인력들은 부가 가치가 크지 않은 단순노무직이 대부분이라 사업이 완료되면 사라진다. 이들에게는 기술도 경험도 거의 남질 않는다. 남는 것은 사업 현장에 대한 기억이다. 고마운 공여국이 기증해 준 '하늘에서 떨어진 선물'에 대한 기억뿐일 것이다.

  많은 원조를 받고도 어떤 개발도상국은 저개발 상태에 머물러 있다. 열심히 일하는 것 같은데 발전은 너무나 느리다. 많은 설비와 인력이 필요한 선진기술이라 감히 배울 수 없었다고 불평을 하기도 한다. 하지만 어떤 다른 개발도상국은 원조를 받은 분야마다 얼마 안 가서 번성을 이룬다.

  거대한 댐을 짓는 원조 프로젝트라고 가정해 보자. 배울 것이 다목적 댐을 완공하는 것만 있는 게 아니다. 댐 설계 및 구조 기술, CAD, BIM과 같은 설계 소프트웨어 사용 기술, 포크레인 · 크레인 등 건설장비 운용기술, 프리캐스트 같은 시공 기법, 수자원 관리 기술, 환경관리 기술, 댐 유역 관리 방법, 홍수 등 재난 안전 관련 기술, 프로젝트 관리 기술, 전력 생산 기술, 토지 및 하천 관리 관련 법제도, 전문가 네트워크에 참여하는 방법 등 이루 셀 수 없는 분야의 기술과 경험을 배울 수 있다. 이것을 수준과 범위에 맞게 구조화하여 수원국이 습득할 수 있게 만드는 것이 '원조 활용의 리더십'이다.

물론 다목적댐뿐만 아니다. 고속도로, 화력발전소, 의과대학, 교량, 하저터널, 도시철도(Metro), 지하철(Subway) 등 프로젝트의 종류와 내용을 막론하고 구조화하여 기술과 경험, 지식을 습득하고 관련 인력을 육성하는 교육시스템과 산업연수 시스템 역시 이러한 예시에 속한다.

이런 점에서 한국의 발전전략은 정부의 '발전 리더십(Leadership of Development)'에 의존한 바 크다. 그리고 그 리더십은 '모방이 가능(To be replicated)한 것'이 특징이다. 왜냐하면 한국의 개발경험은 이미 한국국제협력단(KOICA), 수출입은행(Korea Eximbank), 한국개발연구원(KDI), 산업연구원(KIET), 한국개발전략연구소(KDS), 그리고 여러 대학 등에서 상당한 사례들을 모듈화하고 정책모델화하여 모방이나 학습이 가능하게 되었으며, 지금도 그러한 작업이 진행 중이기 때문이다.

다만, 여기서 유의할 게 있다. 모듈화하고 정책모델화한 것은 분야별 사업 추진 방법이지, 발전의 리더십을 만들어 내는 방법은 아니라는 점이다. 그것은 국가 지도자나 정부가 자국의 발전에 대해 깊이 성찰하고 해법을 찾을 때 나오는 것이지 모듈이나 모델을 통해 생겨나게 할 수는 없다.

한국의 발전과 개발원조

나는 '개발협력(Development Cooperation)'이란 말보다 '개발원조(Development Aid)'라는 말을 더 많이 쓰게 된다. 물론, 무상원조 주관부처인 외교부와 유상원조 주관부처 그리고 유무상 원조에 대한 정책조정을 담당하는 국무조정실 모두 국(局) 단위조직 혹은 과(課) 단위조직의 명칭에 개발원조가 아니라 개발협력이란 용어를 쓰고 있으니 '개발협력'을 공식적으로 사용하는 것이 보다 적절할 것 같다는 생각이 든다.

그럼에도 가장 대표적인 공여국 클럽인 경제협력개발기구 개발원조위원회(OECD DAC)는 그 조직의 명칭에 '개발원조'를 사용하고 있으니 그 의미에 맞춰 적절히 혼용하여 쓰는 것도 문제가 없을 것이다.

개발원조 업무를 하면서 내가 제일 많이 생각하고 고민했던 것은 개발도상국의 발전과 원조의 관계였다. 앞에서도 언급하였지만 개발도상국, 특히 저개발국은 '다른 나라의 도움'이 없다면 현재의 빈곤 상황에서 빠져나오기 어렵다. 여기서 '다른 나라로부터 도움을 받는 것'을 넓은 의미의 대외원조라고 해도 무방할 것이다. 수백만 년에 걸쳐 우리 인류(Homo Sapience)가 서로 지식과 경험을 전달하면서 모방하고 학습하는 삶을 영위해 왔다는 점을 생각해 보면 개발원조 역시 인류학적 관점에서 같은 맥락으로 이해할 수 있을 것이다.

이런 측면에서 개발원조는 현대사회(Modern Society)에 들어선 인류가 국가 단위에서 문화를 교류하고, 지식을 전수·확장하며 전체 인류 공동체의 발전을 추구하기 위해 만들어낸 효과적인 경험 전달 수단이라고 볼 수 있다. 결국 원조를 통해 이루어야 하는 것은 다른 나라를 도와서 그 나라가 빈곤 상황에서 빠져나올 수 있게 하는 것이다.

그렇다면 다음으로 생각해 봐야 할 것은 '어떤 방법으로 도울 것인가'이다.

한국은 '경제적 발전'과 '사회적 안정' 그리고 민주화를 이룬 나라이다. 한국이 지난 70여 년간 이루어 낸 발전과 안정, 그리고 민주화 중 몇 퍼센트가 외국의 원조로부터 왔는지 말하는 것은 매우 어려울 것이다.

그러나 한국은 저개발국 수준에 머물러 있던 1960년대 야심 찬 국가발전계획인 경제개발5개년계획을 추진하면서 세계 최대 공여국인 미국의 지원을 받았다. 당시 미국의 한국에 대한 지원은 무상원조 제공에 그치지 않고 차관, 자문단 파견, 능력 개발 등에 걸쳐 광범위하게 이루어졌다. 여기서 오해하면 안 되는 것이 한국이 처음부터 미국 '원조의 총아(Aid Darling)'였던 것은 아니라는 점이다. 미국 정부는 1962년 제1차 경제개발5개년계획 수립 및 시행 초기 새로 집권한 한국 군사정부와 관계가 그리 좋지 않았다. 당시 이러한 미국의 태도로 인하여 한국은 미국국제개발처(USAID)의 지원뿐만 아니라 개별적인 외국인 전문가의 자문도 별로 받지 못하였다. 미국의 적극적 지원이 본격적으로 이루어진 것은 제2차 경제개발5개년계획(1967~1971)이다. 특히 미국인의 참여가 많아서 '한 · 미 합동 작업의 결과'라고까지 불린다. 특히 USAID는 미국 전문가들의 참여를 적극 지원했다. 미국 전문가들은 계획 지침의 작성에서부터 계획서가 완성될 때까지 폭넓게 참여하며, 한국 정부 내 주관기관인 경제기획원과 긴밀히 협력하게 된다. 2차 5개년계획에서는 계획의 일관성과 실현 가능성을 높이기 위해 총 43개의 부문 계획을 수립하였는데 이 부문 계획의 개념적 기초는 USAID가 초빙한 미국인 전문가의 자문을 받아 경제기획원이 정리하였다.[67]

이렇듯이 한국이 주된 공여국인 미국과 본격적인 원조 분야 산업 협력을 진행한 것은 1960년대 중반 이후이다. 1950년대에도 막대한 규모의 원조가 제공되었으나 한국전쟁 이후 전후 복구 지원과 인도적 지원, 긴급구호 성격의 지원이 많았다. 한국 정부가 산업구조 근대화와 자립경제 확립의 촉진을 기본 목표로 삼은 제2차 경제개발5개년계획은 한국 정부와 한미경제협력위원회(USOM: United States Operations Mission), 미국 · 서독 고문단이 공동 작업하여 수립하였다. 1965년 한국의 월남전 파병으로 한미 관계가 매우 긴밀하게 유지되고 있었던 것도 이러한 밀접한 개발협력의 배경이 된 것으로 보인다.

2차 계획 목표인 '자립경제 확립'은 후발국 입장에서 수출산업을 육성하여 국제수지를 개선하고, 1차 산업에서 2차 산업으로, 경공업에서 중화학공업으로 변화를 의미했다. 한국의 입장에서는 수출산업화 전략이 성공한다면 외국의 원조를 비롯한 대외자금에 대한 의존도를 낮추면서 외화를 확보하는 기반이 넓어질 수 있는 전략이기도 했지만 국제경쟁력과 가격경쟁력이 관건이었다. 또한 변화하는 정치, 경제적 환경변화를 활용하여 기회로 만드는 것도 매우 중요한 요소였다. 이런 측면에서 2차 계획은 변화하는 정치 상황을 반영하여 시의적절하게 수정되었다. 1967년 대통령 선거에서 박정희 대통령은 '대국토건설계획(大國土建設計劃)'의 일부로 경부고속도로 건설을 천명하였다. 당시 한국의 국력과 비교하여 매우 큰 규모의 사업이었던 경부고속도로 건설 사업에 대해 많은 우려와 반대가 있었으나, 결국 계획보다 앞당겨 약 2년 5개월 만에 약 420km의 고속도로를 완공하였다. 한국의 주된 공여국인 미국도 이 사업에는 반대했을 정도로 사업 성공 가능성이 낮았다. 여러 가지 여건도 제대로 갖춰지지 않았고, 인근에 제대로 된 도로도 별로 없는 상황에서 이룬 놀라운 성과였다. 또한 2차 계획은 경제 상황 변화도 반영하였다. 1965년 한일국교정상화 이후 외자(外資) 도입이 증가하며, 상업차관은 1965년 2,800만 달러에서 1969년 3억 6,100만 달러로 4년 만에 약 1,900% 급증하였다. 이때 도입된 상업차관은 한국의 경제개발 및 수출산업 육성에 중요 자금으로 활용되었다.[68]

제3차 경제개발5개년계획(1972~1976년)부터 한국 정부는 '자립경제'를 향한 기존의 계획을 계승하면서도 수립 과정에서 외국의 지원이나 투자보다 국내 각 부처 전문성을 반영하는 정책 기획의 성격을 강화했다. 특히 3차 계획은 '수출의 획기적 증대'와 '중화학공업 건설'을 제시하였다. 1976년 중동 건설 붐이 일며 해외 공사대금으로 받은 외환이 국내로 유입되었고, 종합 무역상사의 성장으로 수출 및 무역수지 개선이 이뤄졌다.[69] 특히 강조할 점은 2차 계획 때보다 공여국들의 참여 비중은 많이 감소했으나, 한국 자체적 기술 능력은 크게 제고되었다는 사실이다. 한국이 국가발전을 위해 본격적으로 '주인의식(Ownership)'을 발휘하면서 운전석에 앉아 발전전략을 주도하기 시작한 시기가 3차 계획 기간이었으며 이 시기부터 한국은 자체 기술력과 자본력을 갖추면서 산업 강국의 기틀을 닦게 된다.

개발원조와 발전의 관계를 고찰하면서 한국의 사례, 특히 2차 5개년계획과 3차 5개년계획은 '리더십', '국가발전전략', '주인의식'이라는 세 가지 핵심 요소의 작동 원리를 보여준다. 앞에서 언급했듯이 저개발 국가의 경우, 낮은 기술 수준과 자본력, 부족한 기술 인력 등으로 자체적인 발전 동력을 만들어 나가기 어렵다. 원조, 즉 개발원조는 이때 큰 힘이 될 뿐만 아니라 수원국에 예상치 못했던 발전의 기회를 제공해 주기도 한다. 개발원조가 파이프라인이 되어 선진국의 고급 기술과 관리 기법이 개발도상국인 수원국에 매우 짧은 기간에 대거 유입되는 것이다. 이때 수원국에 '기회의 창(Window of Opportunity)'이 열리는 것이다. 수원국이 이 '기회의 창'을 통해 다음 단계로 나가기 위해서는 준비가 되어 있어야 한다. 이 준비는 마음먹는다고 무조건 되는 것이 아니다. 선진기술을 학습하여 이해할 수 있고, 추후 이를 운영하고 작동시킬 수 있는 인력풀과 거버넌스가 마련되어 있어야 한다. 선진기술을 받아들이는 데 대한 이러한 준비 여부가 개발도상국의 자체적 발전의 성패를 좌우하게 되는 것이다.

아울러 개발도상국, 특히 신생국의 국가발전계획들의 실효성에 대해서는 대체로 부정적인 평가가 지배적이다. 1970년대 12개 후진국 (1인당 GNP 800달러 미만인 국가)을 조사한 연구에서 내린 결론도 국가개발계획이 무의미하고 폐지되는 것이 바람직하다는 극히 부정적인 것이었다. 대부분의 개발도상국들이 합리적인 자원배분 수단으로서 종합계획은 추진하고 있지만, 별다른 성과를 거두지 못하고 장식물 (Window Dressing)에 그치고 있다는 평가가 나왔다.[70]

반면 한국은 1960년대 초 국가발전을 기치로 들고나온 군사정부가 들어섰다. 1961년 집권한 박정희 정부는 효율성을 중시하면서 산업화, 수출주도 경제를 내세워 군사정변으로 약화된 민주적 정당성을 확보하려 노력했다. 리더십이라는 측면에서 국민들과 국제사회, 특히 공여국들에 신생국 대한민국이 나아갈 방향을 제시한 것이다. 국가발전전략 역시 매우 명확했다. 처음부터 7차, 35년에 걸친 5개년계획의 전체적 구도를 제시한 것은 아니지만 발전계획 수립, 기획, 조정을 주관하는 기관인 경제기획원은 매 5개년계획을 수립하면서 명확한 경제정책 추진 방향을 제시하였다.

한국의 국가발전계획인 경제개발5개년계획의 기획과 운영은 2차 계획의 경우 경제기획원과 외국 전문가들이 거의 전적으로 주도하였으나, 3차부터는 외국인의 비중이 현격히 감소하였고 각 부처는 경제기획원을 지원한다는 수준을 넘어 각기 담당하는 부문별 계획의 수립을 적극적으로 주관하였다.[71] 이는 한국 정부 전체가 국가발전과정에서 '운전석'에 앉은 것으로 해석할 수 있는 사례로 여타 원조 수혜국에서는 보기 힘든 예외적 경우로 볼 수 있다.

수원국의 발전과정에서 초기 이륙(Take-off)이 어떻게 이루어지는가가 중요한 의미를 가진다는 점을 고려할 때, 한국이 '주인의식'과 '대외원조'를 통해 초창기 국가발전을 추진했던 과정은 '경부고속도로 건설'과 '포항제철 건립'을 통해 파악할 수 있다. 대외원조에 크게 의존하고 있는 저개발국이 공여국과 국제개발기구들이 반대하는 사업들을 추진하고 결국 성공시킨 것이다. 심지어 원조와 기술협력이 제공되지 않는 경우에도 자력으로 사업을 성공시켰다. 그리고 그때부터 한국에 대한 신뢰는 국제적으로나 국내적으로나 높아져 갔다. 한국의 발전 초창기인 1, 2, 3차 경제개발계획 시기에는 민간부문이 매우 취약했기 때문에 발전계획은 주로 정부의 정책 개입에 의해 이루어졌다고 할 수 있다. 민간부문의 역할과 비중이 약했던 시기에 정부가 자원의 배분과 집행을 거의 전적으로 주관하여 경제발전을 이루어나갔다. 그러다가 투자재원의 자력 조달과 산업구조의 고도화가 추진되는 시점인 4차 계획 때부터 민간의 역할이 증가하면서 발전이 새로운 국면에 접어들게 된다. 또한 본격적인 국가발전계획을 시작한 지 15~20년 정도가 되는 제4차 계획부터는 대외원조의 영향력도 크게 줄어들면서 자력 성장구조가 어느 정도 자리를 잡게 된 것이다.

개발도상국의 발전기반이 되는 것 중 가장 중요한 것을 꼽자면 교통인프라를 들 수 있을 것이다. 교통인프라는 개발도상국의 발전에 동맹 역할을 하면서 개발잠재력을 현실로 전환하는 데 핵심적 역할을 하는 기반시설의 역할을 한다. 앞에서도 몇 번 언급하였지만, 한국 정부는 1960년대 후반 국내외의 많은 반대에도 불구하고 한국 정부 주도 하에 2년 5개월 만에 초단기로 경부고속도로 건설을 완공한다. 신생국의 취약한 기술력과 자금력에도 불구하고 유례없이 적은 비용과 기간에 400km가 넘는 고속도로를 거의 순수 자국 자본과 자국 기술로 완공함으로써 한국민 스스로의 능력에 대한 확신과 외국의 신뢰를 확보하는 결과를 가져왔다. 더욱 놀라운 일은 한국 발전 역사에 이정표가 되는 대역사(大役事)인 경부고속도로 건설 기간 중인 1968년 11월 한국 최초의 고속도로인 경인고속도로가 완공되었다는 것이다. 경부고속도로 건설에 참여한 건설기업들과 군 장병을 포함한 연인원 9백만 명이 넘는 인력들은 이후 활발히 전개된 한국의 사회간접자본 구축에 크게 이바지하게 된다. 또한 경부고속도로 건설에 반대했던 국제부흥개발은행(IBRD)이 마음을 바꿔 호남고속도로, 남해고속도로, 영동고속도로 건설에 적극적으로 차관을 제공함으로써 교통인프라의 획기적 발전을 초래하게 된다.[72][73]

한편, 한국 중화학공업의 획기적 발전의 시발점은 2차 5개년계획 기간 중인 1968년 포항종합제철의 건립이라고 할 수 있다. 경부고속도로의 경우와 마찬가지로 미국 정부와 세계은행은 한국 정부의 종합제철소 건립을 위한 차관 제안을 거절했다. 그러나 한국 정부는 포기하지 않고 미국을 끈질기게 설득하여 결국 미국의 세계적 제철설비공급업체 코퍼스의 자금과 기술 제공 약속을 얻어냈다. 아울러 일본으로부

터 기술과 차관, 대일청구권 자금을 제공받아 종합 제철 건립에 필요
한 준비를 마쳤다. 또한 1차 5개년계획 당시 미국의 협조로 연간 약 20
만 톤의 철강을 생산하면서 양성한 기술인력을 최대한 활용하여 철강
생산에 투입하였다.[74] 포항종합제철의 성공적 건립은 이후 한국의 중
화학공업과 건설인프라사업 발전이 이루어지는 데 필수적인 철강 생
산부족문제를 해결하면서 2차 5개년 계획을 성공으로 이끌게 된다.

개발협력의 관점에서 한국의 성공은 주인의식과 리더십의 합작품이
라고 할 수 있다. 대부분의 저개발국들의 경우, 공여국이 제공해 주는
최종적 결과물, 예컨대 병원, 경기장, 다리, 도로들에 관심을 갖지만
한국의 경우, 원조 수혜 초기인 2차 계획부터 미국과 독일 자문단과 긴
밀히 협의하면서 한국이 가장 희망하는 정책, 즉, 경부고속도로 건설,
포항종합제철 건립 등에 대한 지원을 받기 위해 노력했다는 점이다.
비록 한국의 원조에 대한 제안이 공여국이나 국제기구들에 의해 모두
수용된 것은 아니지만, 한국은 대부분의 핵심 발전 의제들을 스스로
입안하였고 이를 자력으로 완성했거나 프로젝트에 있어 핵심적인 역
할을 수행하였다. 한국의 경우, 무상원조, 차관, 기술협력 등 공여국의
개발협력의 파이프라인이 가동될 때마다 실질적 진전과 발전을 이루
어 냈다. 또한 이후, 매우 짧은 시간 안에 스스로의 자본과 기술로 그
분야에서 공여국이 제공한 기술과 유사하거나 심지어 앞선 결과를 도
출하기까지 하였다. 그러면서도 개발도상국으로서는 보기 드물게 엄
격한 외자도입심사제도를 시행하여 중화학공업투자, 농수산 근대화

사업, 수출산업, 국토종합개발계획사업, 철도, 고속도로, 항만 등 사회간접자본 확충사업순으로 외자도입 우선순위를 책정하여 사업을 추진함으로써, 차관의 경제성을 높이고 사업 부실을 방지하여 한국 정부에 대한 국제적인 신뢰를 얻었다.[75] 또한 특기할 만한 점은 차관, 기술 전수 등을 포함한 공여국 원조의 파이프라인이 가동되는 기간을 놓치지 않고 적극적으로 주도하여 기술과 인력을 양성하고, 그 인력 육성 과정을 정규 교육시스템과 연결하여 제도화(Institutionalize)하고 지속적인 발전 회로를 만들어낸 것이다.

한국의 개발과정에서 개발원조의 중요성을 지속해서 강조하는 이유는 한국은 국가발전의 초창기인 1960년대 중반부터 1970년대 중반까지의 기간에 공공차관이나 정책 자문을 통해 공여국으로부터 선진 기술을 집중적으로 전수받아 자체 기술진을 양성함으로써 기술혁신을 위한 기반을 다졌다는 점이다. 이 기간은 제2차 경제개발5개년 계획이 진행되던 기간이고 주된 공여국인 미국의 적극적인 대(對) 한국 원조가 시행되던 기간이었다. 이 기간에 한국이 국가발전계획에 대한 관리 기법과 인프라, 중화학공업 분야의 기술을 제대로 전수받지 못했다면 한국의 발전은 훨씬 더뎌졌을 수도 있다. 한국은 현장에서의 기술 전수에 그친 게 아니라 정부가 주도하여 전국 각지에 공업고등학교, 상업고등학교 등 실업계 고등학교와 공과대학을 대거 설치하여 자생적 기술인력 육성시스템을 갖추어나갔다. 원조사업 과정에서 선진국들로부터 전수받은 기술과 사업관리 기법은 정규 교육시스템으로 환류되어 학교에서 교육받은 기술인력을 대거 육성함으로써 이후 한국이 중점

대외원조, 그 빛과 그늘

추진한 중화학공업, 전자산업, 반도체사업, 자동차산업을 비롯한 다양한 산업 분야에서의 혁신과 성공을 이룬 기반이 되었다. 실업계고등학교와 공과대학 등을 포함한 기술인력 자체 양성 시스템은 현장 실무인력과 고급 기술인력을 육성하는 시스템으로 7차까지 이어진 경제개발5개년계획[76]을 이어갈 수 있는 인적 기반을 제공하면서 한국의 발전에 기여하였다.

결론적으로 한국의 발전에 있어서 '원조'의 역할은 매우 중요하다. 하지만 한국은 원조와 차관을 받아서 적극적으로 활용은 했지만 원조와 차관에 오래 머물지는 않았다.[77] 앞에서 살펴보았듯이 한국의 국가발전전략인 경제개발5개년계획은 공여국의 원조에서 '탈피'하는 전략이다. 5개년계획 입안 당시 경제기획원 담당관과 미국 USAID의 자문관들이 의도했던 것인지는 확실치 않지만, 나의 관찰로는 여러 차례에 걸친 한국의 경제개발5개년계획은 '중진국의 함정'에서 빠져나올 수 있는 기초체력을 쌓기 위한 일관성 있는 발전전략이었다.

특히 1차부터 5차까지의 경제개발5개년계획에서 가장 중요한 하나의 기본 목표가 '자립경제'이다. 즉, 선진국의 지원, 즉 원조로부터의 '탈출'인 것이다. 1차 계획의 '자립경제달성의 기반구축'부터 '자립경제확립과 촉진(2차)' '자립적 경제기조(3차)' '자력 성장구조의 실현(4차)' '지속적 성장 기반의 공고화(5차)'를 기본 목표로 설정[78]하고 자체 기술력과 자본으로 자생적 발전을 추구하였다. 그 결과 3차 5개년계획부터 외국의 원조 비중이 급격히 하락했으며 4차부터는 '개발협력'이 아닌 '경제협력'을 기반으로 하게 된다.

게임의 규칙(Rules of the Game)

대외원조에 있어서 '게임의 규칙'은 원조 제공 및 수혜 과정에서 적용되는 규범, 절차, 정책 및 관행을 의미한다. 이는 각 참여자가 원조를 어떻게 진행할 것인지에 대한 이해와 기대를 형성하는 데 중요한 역할을 하기도 한다. 또한 '게임의 규칙'은 대외원조의 성공적인 실행을 보장하기 위한 기준과 절차를 설정하며, 각 참여자가 그 규칙을 이해하고 준수할 때 효과적인 협력과 발전이 이루어질 수 있도록 만든다.

하지만 원조의 실제 현장에서 '게임의 규칙'은 '권력(Power)'이 되는 경우가 많이 있다. 현실에서는 주는 사람, 주는 나라가 중요한 사항을 결정하는 경우가 많다. 왜냐하면 원조는 무상으로 주는 것이기 때문이다. 완전 무상이 아니더라도 정상적 시장가격보다 현저히 낮은 가격이나 우호적 조건으로 제공된다. 이를 무상부문(Grant Component) 또는 양허성(Concessionality)이라고 부르기도 한다. 원조의 본질인 '무상성' 때문에 주는 나라가 우위에 서게 되는데 이것은 양국 간 정부 구조의 차이, 정치철학의 차이, 국민 정서의 차이, 예산 시스템의 차이, 국민 소득의 차이, 경제구조 및 기술 수준의 차이 등과 맞물리면서 많은 문제를 만들어내기도 한다.

특히 사업의 선정, 조건의 부과는 개발원조를 다룰 때 누가 주도하느냐가 매우 중요하고 민감하기 때문에 수원국과 공여국이 모두 동의하는 '게임의 규칙'이 더욱 필요한데, 어찌 보면 해당 수원국의 니즈(Needs)를 정확하게 반영해야 하므로 수원국이 주도해야 할 과정이라고 볼 수 있다.

하지만 양국 간 원조협의회가 열릴 때 가장 빈번하게, 그리고 가장 첨예하게 이견이 생기는 과정 역시 '사업의 선정'일 것이다. 양측 간 선호나 철학이 다른 것이 주된 원인이겠지만 수원국 능력에 대한 불신이나 공여국의 제공 가능한 예산 제약 등도 원인이 될 수 있다. '사업의 선정'에 있어서 '권력'이 '게임의 규칙'이 될 경우, 수원국의 수요(Needs)나 의지가 공여국의 반대 · 유보적 입장 · 일정 연기 등의 판단에 의해 좌절될 수 있으므로 수원국은 이러한 상황에서 자국의 의지나 정책적 수요를 관철하기 위한 방안을 '게임의 규칙'에 반영하는 등 다른 대안을 찾아야 한다.

한국의 경우 1960년대 말 제2차 경제개발5개년계획 추진 과정에서 한국 정부가 결정한 경부고속도로 건설과 포항종합제철 건립이 주된 공여국 미국과 IBRD의 반대에 부딪혔을 때,[79] 사업 추진을 포기하거나 다른 사업으로 변경하지 않고, 경부고속도로는 순수 자체예산과 인력으로 추진하는 과감한 결정을 내렸으며, 포항제철은 백방으로 협력 파트너를 물색하여 미국 정부 대신 미국의 철강기술회사와 협상하여 자금과 기술을 일부 도입하였다. 공여국의 원조나 지원을 받기는 하였지만, 운전석에 앉은 것은 수원국인 한국이었다. 원조프로젝트 중 반드시 성사해야만 하는 프로젝트가 있을 때 주된 공여국과 국제기구가 지원을 거부한다면 자력으로라도 그 프로젝트를 시작하는 것, 그것이 바로 주인의식, 즉 주인의식(Ownership)임을 한국이 보여준 것이다. 한국은 경부고속도로와 포항종합제철을 통해 한국의 능력과 의지를 보여주었고, 이후 공여국들과 국제기구들은 고속도로 건설, 중화학공업단지 건설 등 한국 정부의 후속 발전프로젝트를 지원하였다.

결국 개발원조에서 '사업의 선정 문제'는 누가 운전석에 앉느냐의 문제여서 매우 신중하게 접근해야 하는 경우가 많다. 내가 개발도상국에 근무하면서 관찰한 바로는 대체로 무상원조는 공여국이, 유상원조, 즉 공여국의 정부 차관은 수원국이 더 큰 목소리를 내는 경우가 많았다. 하지만 유상원조라 하더라도 상업성이 확실히 보장되지 않거나, 수원국 재정당국의 정부보증이 미미하거나, 재정당국의 보증이 이루어지지 않을 때는 이야기가 다르다. 이때 수원국은 정부의 공공차관과 기술을 기꺼이 제공하겠다고 나서는 공여국을 찾기 어렵다. 설령 어렵사리 찾는다고 하더라도 조건이 까다로운 경우가 많다. 역시 '세상에 공짜 점심 같은 것은 없다.'

그렇다면 대외원조에서 '게임의 법칙'이 문제가 되는 경우로는 수원국의 입장이 상대적으로 약할 수밖에 없는 다음의 두 가지 상황을 고려할 수 있다.

우선 긴급구호나 인도적 지원은 매우 특수한 상황에서 이루어지는 원조이니 예외로 하고, 일반적인 무상원조의 경우에는 수원국의 예산과 재정, 발전기획을 총괄 관리하는 부처가 담당하는 것이 정석이다. 원칙적으로 수원국 정부의 원조 총괄부처는 공여국들의 대외원조를 선별하여 접수하여야 한다. 어떤 공여국들은 사업의 예측 가능성을 높인다는 취지에서 집행연도 2년 전(N-2 제도)에 무상원조 사업을 확정하기도 하나, 이 경우 변화하는 수원국의 수요를 반영하는 데 문제가 있을 수 있다는 지적도 나온다.

수원국 원조총괄부처는 공여국이 제공하겠다는 사업들을 선별하여 당초 자체 예산으로 하려고 계획했던 사업 중 일부, 또는 자체 예산이 부족해서 추진하지 못했던 우선순위 사업 중에서 일부 사업을 공여국 제안 사업으로 대체하여 추진하는 것이 바람직하다. 그렇게 함으로써 예산의 효율성 증진을 도모하고 실질적 예산 확대 효과를 모색할 수 있다. 또 그래야만 가난한 개발도상국이 부족한 예산의 제약을 극복하고 국가발전에 필요한 중요 사업을 전략적으로 추진할 여력이 생겨날 수 있다.

하지만 실제상황에서 '게임의 규칙'은 당위적 원칙이 지배하는 건 아니다. 재정적 능력과 기술력을 모두 가진 주된 공여국들 역시 명확한 자국의 대외원조 원칙(Principle)과 우선순위(Priority), 그리고 가이드라인과 프로그램을 가지고 있다. 이 책의 앞부분에서 대외원조에 있어 수원국과 공여국 간 '교섭(Negotiation)'의 중요성을 강조한 이유가 여기에 있다. 수원국과 공여국 양측의 원칙과 우선순위가 맞지 않을 때 이를 해결하는 메커니즘이 필요한 것이다. 이때 수원국 정부의 원칙은 자국의 발전계획과 맞지 않는 사업을 추진하지 않는 것이다. 원조물품이나 원조프로젝트보다 자국의 발전전략과 계획의 일관성 있는 추진이 더 중요하다는 것을 교섭 현장의 집행 지침으로 삼는 것이 바람직하다.

여기서 더 나아가 수원국 정부가 많은 비용과 높은 수준의 기술력이 투입되는 사업을 추진하려 할 때 만일 주된 공여국이 반대한다면 이 경우 작동하는 '게임의 규칙'은 무엇일까?

이때도 아쉬운 쪽은 수원국이다. 사업파트너를 반드시 확보해야 하는 수원국의 입장에서는 공여국의 반대 논리를 합리적으로 반박할 수 있는 사업계획서를 만들어 여러 공여국 또는 공여 기관의 관심을 환기하거나 공여국들이 관심을 가질 유인 요소를 제시할 수도 있다. 또는 사업성을 더욱 개선하는 대안을 제시하거나 사업 추진 시기를 조정할 수도 있을 것이다. 이처럼 모든 노력을 다해도 해당 사업을 지원하겠다고 나서는 공여국이 없을 때 수원국은 중요한 결정을 해야 한다. 자력으로 추진하거나, 외국의 민간 자본과 기술을 끌어오거나, 사업 추진을 일단 포기하는 것이다. 이것은 수원국의 리더십으로 결정해야 할 문제이며 해당 수원국의 미래를 바꿀 수 있는 결정이다.

한국은 1960년대 후반 미국을 비롯한 주요 공여국과 IBRD가 '경부고속도로 건설'을 반대했을 때 스스로의 힘으로 사업에 착수하여 놀라울 정도로 적은 비용과 짧은 기간에 완공하는 능력을 보여줌으로써 이후 한국과의 개발협력에 적용되는 '게임의 법칙'을 바꾸어 버렸다. 이때 한국 정부는 가용자원을 총동원하여 경부고속도로 건설 사업에 쏟아부었는데 군병력과 민간 건설업체들이 대대적으로 참여하였다. 저개발국이라는 약점을 안고 자력으로 추진한 초대형 프로젝트의 성공 덕분에 그때까지 한국의 능력에 대해 의구심을 가지고 있던 공여국들과 국제개발기구들의 한국에 대한 평가를 일거에 바꾸어 버렸다. 이런 사례는 발전소 건립에서도 찾을 수 있다. 1950년대 미국의 한국에 대한 전력발전 분야 지원이 화력발전소 건립에 집중되어 있을 때 한국은 화력발전 분야에 대한 미국의 원조와 기술 전수를 받으면서도, 동시에 수력발전소 건립의 대내외적 어려움을 무릅썼다. 그 결과 주된 공여국 미국이나 국제개발기구의 지원 없이 괴산수력발전소를 완공했다. 괴산수력발전소를 자력으로 완공한 것은 전력 생산의 장기 전망 수립 및 기획 능력의 확보, 설비 기술의 도약이라는 측면에서 한국 전력 산업 발전에 하나의 모범 사례였다.[80] 경부고속도로와 괴산수력발전소의 사례는 수원국과 공여국 간에 암묵적으로 적용되는 '게임의 법칙'이 수원국의 의지와 태도에 따라 가변적임을 보여준 사례이다.

'게임의 법칙'을 살펴볼 때 두 번째 상황은 원조에 조건이 부과되는 상황이다. 이 상황 역시 공여국이 우위에 선다. 즉, 원조에 부과된 조건에 순응(Compliance)하는 경우에만 원조 계약이 성립한다. 이른바 조건부 원조(Conditional Aid) 또는 조건부 차관(Conditional Loan)인 것이다. 일반적으로 조건이 붙은 원조를 부정적으로 보는 경향이 있는데, 반드시 그렇게 보아야 할 이유는 없다. 조건이 무엇인지, 조건이 추구하는 것이 무엇인지가 중요하다. 한편, 대외원조를 선진국이나 강대국이 개도국에 대해 의무적으로 지켜야 할 약속으로 보는 관점도 있으나, 이 역시 상대적인 관점이라 할 수 있다.

결국 수원국 정부와 국민들이 해당 원조의 조건을 수용하고 원조를 받을 것인가 여부를 결정해야 한다. 여기서 조건(Condition)은 반드시 명시적인 것만은 아니라는 점에 유의해야 한다. 또한 때로는 원조를 수락하는 행위가 원조와 관련된 수원국과 공여국 양국 간에 존재하는 정치적, 경제적, 사회적 상황을 인정하거나 동의한다는 의미를 포함하는 경우도 있을 수 있다.

한편 기술적 조건을 부여하는 원조도 있을 수 있다. 특정 국가나 기업의 기술만을 써야 한다거나 특정 국적의 인력을 고용해야 한다든지, 특정 국가 생산 제품을 몇 퍼센트 이상 써야 한다든지 하는 조건이 붙는 것이다. 공여국의 입장에서는 자국민의 세금으로 지출하는 원조자금이니 납세자들의 지지 또는 동의를 받아야 할 수도 있을 것이다. 결국 수원국은 장기적이고 전략적인 판단을 하여 교섭에 나서야 한다. '게임의 규칙'을 잘 이해할수록, 원조 교섭에 있어서 권력(Power)이 상대적일 수 있다는 사실을 인식하고 전략적 관점에서 상황을 분석할수록, 국익에 부합되는 판단을 할 수 있다. 이는 과거에도 현재에도 모두 적용되는 불변의 사실이다.

원조는 인류의 퇴보와 분열을 막는 핵심 자산

2025년 1월 출범한 트럼프 대통령 행정부는 미국의 모든 대외원조를 잠정 중단하고 재검토하겠다고 발표한 후, 같은 해 3월 미국 정부의 원조 전담 기구인 미국원조개발처(USAID)의 해외원조 프로그램의 83%를 종결한다는 결정을 내렸다. 세계 최대 공여국인 미국의 이러한 조치로 발생하는 글로벌 원조총액의 예상치와 실제 액수 간의 차이가 약 600억 달러 생겨날 것으로 예상된다. 유럽의회(European Parliament)에 따르면 이 차액은 EU와 EU회원국들을 포함해서 여타 공여국 누구도 채울 수 있는 금액이 아니라고 하니 글로벌 공적개발원조(ODA) 감소로 인한[81] 개발도상국들의 어려움도 크게 가중될 것으로 예상된다.

이러한 미국 정부의 정책 변화로 세계 개발원조 지형이 어떻게 변화할지 예견하기는 쉽지 않을 것이다. EU를 비롯한 서구 공여국들이 미국의 대외원조 감축분을 일부라도 메우기 위해 적극적인 대외원조 증액에 나설지, 아니면 미국의 예를 따라 예산 감축을 추진할지, 그것도 아니라면 이전과 별 차이 없는 원조 규모를 유지할지에 따라 글로벌 공적개발원조 분야의 지평이 크게 바뀔 것이다. 또한 미국에 이어 세계 2위의 경제 대국으로 부상한 중국의 '일대일로(One Belt One Road)'

전략의 전개, 세계 무대에서 위상이 날로 제고되고 있는 글로벌 사우스(Global South) 국가들 간의 협력 추이 역시 세계 원조의 방향 변화를 넘어 세계정세에도 커다란 영향을 미칠 것으로 예견된다.

　잘 알려진 대로 현대적 의미의 대외원조는 제2차 세계대전 이후 전후 복구 과정에서 생겨났다. 황폐해진 유럽을 재건한다는 기치 아래 미국의 주도로 유럽부흥계획(Marshall Plan)이 시행되었고, 직후 이어진 동서냉전과 한국전쟁으로 인해 정치적 목적이 강한 원조가 양 진영에 각각 제공되었다. 또한 세계은행(World Bank), 국제통화기금(IMF), 유엔개발계획(UNDP)과 같은 국제개발기구들이 개발도상국들과 경제위기에 빠진 나라들을 지원하기 위해 창설되었다. 이때를 즈음하여 제국주의의 잔재였던 식민지 지배로부터 아프리카, 아시아, 중남미 국가들이 해방되면서 신생국에 대한 지원 필요성도 커지기 시작했다. 주로 정치적 안정과 경제발전, 거버넌스 구축 등 분야의 원조 수요가 급증했으며 이에 OECD는 개발원조위원회(DAC)를 구성하여 공여국들이 집단적으로 대외원조의 원칙과 규범을 설정하도록 제도화하였다. 그리고 이러한 초창기 글로벌 대외원조 형성 과정과 이후 발전과정은 미국의 입장과 의견이 상당 부분 반영된 것이라 할 수 있다.

　대외원조가 시작된 배경이 전후 복구를 위한 것이었다 하더라도 전쟁의 피해를 입은 국가들만 그 혜택을 본 것은 아니다. 그즈음 여러 국제개발기구들의 창설은 개발도상국에 대한 국제적 지원을 당위적인 것으로 인식되도록 만들었고, 나아가 대외원조가 선진 공여국의 책무

(Accountability) 또는 약속(Commitment)으로 간주하게 하는 데 일조[82]하였다. 그리고 각 공여국들이 약속한 공적개발원조(ODA)의 실제 이행 여부를 공여국 협의체인 OECD DAC에서 동료검토(Peer Review)를 통해 점검하고, 회원국 상호 간 압박(Peer Pressure)하여 궁극적으로 글로벌 공적개발원조재원이 확보되도록 한 것이다.

결론적으로 글로벌 차원에서의 원조(Aid)는 공여국들의 기여로 이루어진다. 최근까지의 글로벌 원조는 증가 추세에 있다. OECD DAC의 보고서에 따르면 2023년 OECD DAC회원국들은 1960년 공적개발원조 통계 작성 이래 최대치인 2,230억 달러를 기록하며 2022년 대비 1.6% 증가를 나타냈다. 2,230억 달러는 DAC 회원국 전체 연간 총수입(GNI)의 0.37%에 해당하는 금액이다. 분야별로는 보건 분야(Health Sector)에 10.3%가 사용되었고, 수원국의 소득구분별로는 39.4%가 저소득국가와 중하위소득국가에 지원되었다.[83]

국제기구들과 공여국들이 공적개발원조를 가장 많이 지출하는 분야가 빈곤감소와 보건의료이다. 이 분야는 인도주의에 입각하여 인류 공동체를 지원한다는 의미와 발전을 이루어나가기 위해 필수적으로 충족되어야 하는 기본적 전제 조건이라는 의미를 모두 가진다. 특히 저개발국가, 저소득국가, 취약국가는 부(Wealth)를 창출할 수 있는 기초적 기반인 사회간접자본(SOC)과 국민보건시스템이 매우 취약하여 소득을 창출하지 못하고, 이러한 상황은 다시 사회간접자본 투자와 국민보건시스템 구축을 어렵게 만드는 악순환(Vicious Cycle)에 빠지게 된다. 이는 발전의 문제이기 이전에 인류에 대한 인도주의적 도전이다. 선진국의 원조는 이에 대해 기술과 직접적 대응을 모두 제공하여 신속하게 문제를 해결할 수단이 될 수 있다. 공여국이나 국제개발기구들은 대외원조라는 기술과 개발 재원 파이프라인을 통해 수원국의 취약한 문제해결 능력을 보완하거나 대체하는 것이다. 이를 기회로 빈곤에서 탈출하면 더 바랄 것이 없겠지만 거기까지는 아니더라도 적어도 문제가 더욱 심각해지는 상황은 어느 정도 막을 수 있을 것이다.

이런 관점에서 볼 때 공여국들의 대외원조는 전 지구적 차원에서 인류의 퇴보를 막고 부의 편중을 완화하는 수단이 된다. 공여국 전체 부(富)의 0.37%로 인류의 고통과 분열을 어느 정도라도 완화하여 우리 인류가 오랜 기간에 걸쳐 쌓아 온 번영을 유지한다는 것이 대외원조의 취지일 것이다. 수원국의 관점에서 공여국 국민총소득의 0.37%는 작다고 느껴질 수 있겠지만 이 재원으로 더 큰 개발 성과를 이루는 것이 중요하기 때문에 원조를 어떻게 더 효과적으로 쓸 것인지, 더 큰 발전 결과를 내기 위해 어떻게 보다 적절한 거버넌스를 구축할 것인지와 같은 원조 사용의 문제들을 고민할 수밖에 없다. 원조라는 파이프라인이 들어오면서 돈과 기술, 인력과 전략, 외교관계의 변화, 양국 기업과 국민 간 교류, 투자와 무역이 함께 유입되고 생겨나기 때문에 이를 기회로 외국의 원조를 지렛대로 더 큰 개발임팩트를 얻어내는 것이 필요하다.

원조는 선진국이 앞서 확보한 기술과 재원으로 개발도상국의 잠재된 능력과 발화되지 않은 여건을 현재화시키는 수단이 되고 촉매제가 될 수 있다. 저개발국이 무(無)에서 유(有)를 얻어낼 수 있는 가장 효과적인 방법이 될 수가 있다. 그래서 대외원조는 금액의 크기 이상의 의미를 지닌다. 대외원조(Foreign Aid)가 없어져서는 안 되는 이유다. 마치 국내적 지원(Domestic Aid)인 복지정책과 구호정책이 없어지면 안 되는 것과 같다.

앞서 여러 차례 언급했듯이 한때 빈곤한 저개발국이었던 한국은 원조의 혜택을 많이 본 사례라고 할 수 있다. 어떤 자료들은 한국이 미국 등 공여국들로부터 받은 원조자금의 규모만을 강조하지만, 그보다 오히려 함께 들어온 기술과 설비가 더욱 중요했다고 볼 수도 있다. 파이프라인을 통해 들어오는 영양분을 어떻게 소화할지는 수원국의 능력과 주인의식에 따라 큰 차이가 나겠지만, 유입 통로인 파이프라인이 없다면 기회 역시 생겨날 가능성이 희박하다. 이런 측면에서 한국의 개발협력은 기술과 경험, 그리고 발전을 일어나게 하는 방법과 이를 관리하는 방법까지 모두 담고 있어서 더욱 특별하다. 더욱이 이제는 원조액 기준으로도 세계 10위권을 바라볼 정도로 어디에서도 손색이 없다.

아프리카에 근무할 때 인근 국가로 출장을 다닐 일이 종종 있었다. 치안 상황이 그리 좋지 않은 경우가 많았지만, 새로운 사람들과 새로운 주제로 대화하고 업무를 발굴할 수 있어서 즐거운 마음으로 다닐 수 있었다. 그때를 돌이켜 보면 인상 깊었던 것들 중에는 건설 현장이나 발전소 같은 시설들이 많았는데 대부분 대외원조 사업들이었다. 아프리카 국가들은 기술 수준이 상대적으로 낙후되고 정부 재정 상황도 열악하여 자력으로 대규모 공공사업을 추진하기가 무척 어렵다.

　이런 곳에서 시행되는 공여국의 인프라 공사는 지역 주민들에게 일자리를 제공하는 거의 유일한 일터가 되기도 하고 지역경제를 살리는 자금의 원천이 되기도 한다. 이러한 공공사업에 사업성의 잣대를 들이대긴 어렵다. 사업성이 낮으니 사업구조도 민간사업자의 사업구조보다 비효율적이다.

　물론 개선의 여지도 많다. 하지만 원조사업에는 민간의 상업적 합리성과는 다른 원조사업만의 효과성이 있다. 이를 '개발효과성(Development Effectiveness)'이라고 부를 수도 있을 것이다. 개발효과성으로 원조사업의 낮은 상업성을 모두 설명하긴 어렵겠지만 개발과 관련된 요소들이 갖는 진작효과(振作效果)를 고려하여 원조사업을 기획하고 평가해야 한다는 논리를 세울 때 유용하게 쓰일 수 있다. 즉, 원조사업의 경제성이 상대적으로 낮아도 수원국의 기술인력 양성 효과가 크거나 개발경험 전수 효과 등이 크다면 개발효과성이라는 측면에서 긍정적으로 사업을 추진해 볼 여지가 있다. 다만, 개발효과성을 분석하고 평가하는 데 있어 모호하거나 주관적인 측면이 많다는 점은 유의해야 한다.

　경제성, 시장성, 합리성, 효율성이란 기준을 적용할 때 원조사업에 대해 부정적 시각이나 회의적 시각이 많을 수밖에 없다. 또한 국가의 주권, 납세자에 대한 정부의 책임성이란 측면에서도 잘 맞지 않는 부분도 있을 수 있다. 그리고 회원국의 분담금으로 개발사업을 시행하거나 원조를 전달하는 일을 전담하는 국제개발기구들의 업무 관행이나 방식 역시 민간의 그것과 차이가 있다. 특히 대외원조는 시장 메커니즘을 통해서 거래(Transaction)가 이루어지는 것이 아니라는 원조 전달 조직 및 전달 과정의 특성상 효율성 측면이나 투명성 측면에서의 문제가 발생하기가 상대적으로 쉽다. 또한 조달 체제 역시 최종 전달 단계에서의 가격책정 기제가 시장이 아니므로 전달 과정에서 누수 현상이 발생할 소지도 크다. 이러한 취약점은 탄탄하게 보완되어야 하고 엄격하게 관리되어야 한다.

하지만 공적개발원조(ODA) 특성이 효율성을 추구하기보다 효과성을 추구해야 하고, 한 사업의 완성도보다 국가발전과의 연계성을 중시해야 한다는 점을 감안할 때, 이러한 측면들은 비판만 할 것은 아니라고 생각된다.

시간이 흐를수록 대외원조는 선진국과 개발도상국으로 나누어져 있는 각각의 나라들이 같은 목적을 향해 공동의 노력을 할 수 있게 만드는 가장 중요한 수단 중 하나라는 생각이 더욱 선명해진다. 대외원조가 없다면 기술력과 자본력에서 월등한 선진국이 여러 측면에서 열위에 있는 저개발국과 협력하여 공동의 목표를 성취해 나갈 일은 많지 않을 것이다. 대외원조가 없다면 개발도상국 정부가 지불하기 어려운 큰 비용이 소요되는 사회간접자본이 건설되지 못했을 것이고, 결국 그 나라를 지역 교통의 허브로 만들지는 못했을 것이다. 대외원조가 아니었다면 최빈국의 한 건설업체가 국제개발기구가 발주하는 교량의 하청업체로 참여할 기회 자체가 없었을 것이다. 이렇게 보면 대외원조는 선진국과 개발도상국을 연결하여 협력하게 만들고 빈곤과 질병, 전쟁과 혼란으로 고통받는 국가와 지역을 퇴보로부터 지키는 역할을 한다.

대외원조가 항상 승리하고 성공하는 것은 아니지만 대외원조는 모든 관점에서 볼 때 반드시 존재해서 그 역할을 수행해야 하는 인류의 핵심 자산이고 선진 공여국 대한민국이 이끌어 갈 가치 있는 정책분야이다.

맺음말

공여국 대한민국의 대외원조 전략에 대한 한 가지 제언

"해외에서 살아 보면 애국자가 된다"라고 하는데 나는 그 말을 "해외에서 한국을 바라보면 애국자가 된다"로 약간 바꿔서 말하곤 한다. 그 이유는 외교관 일을 하면서 만난 많은 사람들이 나와 대화를 나눌 때, 물론 내가 대한민국 외교관이어서겠지만, 한국의 발전에 관한 주제를 많이 꺼내기 때문이다. 그들과 이야기를 하다 보면 스스로 한국에 대해 뿌듯해지는 감동을 자주 느끼게 된다.

대부분의 사람들이 동의하듯이 한국의 발전은 여러 면에서 특별하다. 대외원조 무용론을 주장하는 사람들조차도 한국의 발전과 미국의 대(對) 한국 원조가 무관하다고 쉽게 말하지는 못한다. 한국은 공여국들로부터 많은 원조를 받았으나 원조에 의존하지 않았고, 궁극적으로 원조를 종결하고 원조에서 빠져나왔다. 한국 정부는 공여국과 이견이 있을 때 자국의 생각을 관철했다. 어쩌다 한 번이 아니라 거의 대부분의 원조사업, 차관사업, 기술협력 사업에서 당시 개발도상국이던 대한민국은 당당하게 운전석(Driving Seat)에 앉아 자신의 운명을 정하게 될 사업들의 추진을 주된 공여국의 반대 속에서도 스스로 결정했다. 위험은 컸지만, 성공에 대한 보상은 더 컸다. 믿는 것은 의지와 자신감, 그리고 전략적 사고이다.

조선산업의 불모지였던 한국이 조선산업 세계 최강국이 된 신화 역시 한국의 발전사에 산적한 성공스토리 중의 하나일 것이다. 1971년 당시, 현대그룹 정주영 회장은 조선산업 기반이 전혀 없는 저개발국 한국이 사실 영국보다 300년 앞서 철갑선을 만들었다면서 1500년대의 거북선을 예로 들었다. 그러면서 거북선이 그려져 있던 당시 500원권 지폐를 영국의 유력한 선박 분야 사업가에게 보여주었다고 한다. 결과적으로 그는 영국 바클레이 은행에서 차관을 도입하여 조선소를 세울 수 있었고, 12년 후인 1983년 현대중공업은 건조량 기준 조선 부문 세계 1위가 된다.[84]

앞서 기술했듯이 한국의 발전사에는 하나의 패턴이 있다. 공공차관과 상업차관을 포함해서 대외원조를 받아 프로젝트가 시작되면 한국 기업과 기술진은 매우 빠르게 기술을 습득한다. 그리고 그 습득한 기술로 정부의 주도 하에 국내 후속사업들을 추진한다. 동시에 공과대학, 실업계 고등학교에 제도화된(Institutionalized) 습득ㆍ심화 프로그램을 운영한다. 이를 통해 육성된 기술인력들이 산업체에 유입된다. 기업들은 가격경쟁력과 기술경쟁력을 기반으로 수출시장을 개척한다. 해외시장에서 시장확보를 위해 경쟁하면서 지속적인 기술혁신을 이루어 낸다는 방식의 '발전 패턴(Development Pattern)'이다.

당연한 과정인 것으로 보일 수도 있겠지만 한 단계 한 단계마다 정부의 국가발전전략과 기업들의 시장확보 전략이 정교하게 구조화되어 있다. 과거의 이야기로 1960년대, 1970년대를 소환하자는 말이 아니라 한국이 급속한 발전을 이루면서 '한강의 기적'을 이루어 나갈 때의 국가발전전략은 2020년대에도 유효하다는 말이다.

　한국이 "대외원조로 발전했다"는 말은 사실이 아니다. 하지만 한국이 "저개발국 상태에서 발전을 이루고 선진국이 되었다"는 말은 사실이다. 물론 때로는 원조나 차관을 받기도 하였다. 개발협력의 관점에서 이러한 사례는 세계적으로 유례를 찾을 수 없다. 개발도상국마다 여건과 환경이 모두 달라서 한국의 사례를 다른 개발도상국에 적용하기 어렵다는 주장도 있는데, 이는 '말도 안 되는 이야기'라고 생각한다.

　한국의 1950년대처럼 불리한 모든 여건을 다 갖춘 나라가 또 있을까? 1950년대 한국은 내가 근무했던 케냐보다 국민소득이 낮았고 한국전쟁 당시 파나마, 과테말라, 코스타리카, 라이베리아, 자메이카 등으로부터 물자 지원을 받았다. 한국은 가진 자원도 거의 없고 일본제국주의 식민지 잔재가 그대로 남아있었다. 문맹률은 25%에 달했고 고등교육은 고사하고 중등교육을 제대로 이수한 사람도 그리 많지 않았다. 개발도상국들이 벤치마킹하기가 이보다 더 좋은 완벽한 모델은 다시 없을 것이다. 한국전쟁 이후 아무 기반도 없는 불모지[85]에서 단기간에 산업 발전을 이루고 선진국으로 도약한 한국의 경제사회 발전과정은 사실상 모든 것을 담고 있다.

　한국의 발전은 국가발전전략수립의 원칙과 가이드라인, 실무지침부터 개별산업육성전략, 산업 분야별 기술혁신 전략을 모두 망라하고 있으며, 한국이 외국의 원조를 받기 시작하는 시점에서 원조 수혜국에서 졸업하는 50년간의 대외원조활용 정책을 모두 담고 있다. 특히, 한국이 발전과정에서 얻은 '개발도상국가가 발전하는 방법에 관한 지식'은 많은 개발도상국의 정책지침이 되기에 충분하다. 문제는 이 가치 있는 지식을 어떻게 전달할 것인가이다.

지금까지 우리 정부와 한국국제협력단(KOICA), 수출입은행(Exim Bank), 한국개발연구원(KDI)을 비롯한 여러 관련 기관들은 한국의 개발경험을 전수하는 노력을 기울여 왔고 개발컨설팅, 발전경험의 모듈화 등을 통해 개발경험과 지식들을 체계화하는 데도 많은 성과를 이루어 냈다. 산업분야, 농업분야, 보건분야, 교육훈련분야, 치안분야, 과학기술분야, 발전 리더십, 발전전략 및 정책분야를 비롯한 많은 영역에서 한국의 경험을 정리한 자료들이 축적되고 있다.

하지만 중요한 단계는 아직 많이 남아있다.

한국의 개발경험은 국가전략 수립과 연계되어 있다. 많은 개발경험들이 경제개발5개년계획의 실행 과정에서 생겨났다. 우리의 개발경험은 종합적 국가발전전략의 추진이라는 맥락에서 도입될 때 훨씬 큰 효과를 가지게 될 것이다. 그렇지 않고 개별정책만 떼어내서 전수한다면 하나의 사례연구에 그칠 수도 있고, 잠깐 관심을 불러일으키는 흥미로운 특강 정도로 끝날 수도 있다. 이는 한국이 20세기에 걸쳐 이루어 낸 발전의 지식 자산을 사장(死藏)시키는 커다란 실책을 범하는 것이다.

이제는 한국의 국익과 인류의 복리를 위해서 한국의 개발경험이 개발도상국의 성장과 발전에 더 큰 기여를 하는 방안을 수립해야 한다. 나아가 이를 체계적인 지식 자산으로 만들고 산업협력과 통합할 필요가 있다. 그리고 한국의 기술과 경험을 도입하고자 하는 개발도상국과 발전전략을 공유하는 '발전동맹'을 창출해 내는 새로운 사고로의 전환이 필요하다.

국가발전전략과 산업육성계획, 기술혁신을 개발도상국과 함께 이루어 가기 위해서는 한국도 많은 준비를 해야 한다. 우선 이곳저곳에 산재해 있는 분야별 지식과 전문가를 체계적인 지식 원천(Knowledge Resource)으로 관리하는 체제를 갖추어야 한다. 또한 분야별 우리 기업들이 해당 개발도상국의 전략 및 계획 수립과 실행에 참여할 수 있는 외교적, 산업적 협력의 기반도 만들어야 한다. 국내외적 법률문제, 세제 문제를 잘 처리할 수 있도록 지원하는 기반도 필요하며 각 분야 전문가들과 대학, 연구소, 시민사회가 참여할 수 있도록 하는 투명하고 개방적인 플랫폼도 필요하다. 그리고 이러한 발전동맹을 형성하고 관리할 수 있는 우수한 고급 인력 충원 체제도 구축되어야 하며, 이를 위한 현실적인 보수(급여) 체제도 마련되어야 한다. 한국과 '발전동맹'을 맺은 개발도상국이 한국과 같은 발전경로를 밟아 번영을 이룬다면 한국 역시 엄청난 공동의 이익을 얻게 될 것이다. 이 과정에서 창출되는 부가가치는 양국이 공유하게 될 것임은 물론이고 많은 청년들이 이 발전동맹의 주역으로 참여하면서 새로운 혁신의 동력이 될 수도 있다.

한국은 이미 좁은 국토의 한계를 극복하고 세계 7위의 교역국가가 되었다. 해외 인프라 수주 실적에서도 2024년 누적 수주액 1조 달러로 세계 최상위권을 기록하고 있다. 또한 한국과 '개발동맹'을 맺은 개발도상국가가 어떤 분야의 산업발전전략 수립·이행을 추진하고자 하더라도 한국은 대부분의 분야에서 그들과 개발파트너가 될 준비가 되어 있다. 상호보완성에 기초한 '발전동맹'을 맺고 이를 통해 발전의 이익을 개발도상국과 공유하는 것은 저개발국에서 출발하여 '중진국의 함정'을 넘어 선진 공여국이 된 한국이 만들어나갈 또 하나의 발전모델이고, 또 한 번의 발전을 이루는 돌파구(Breakthrough)가 될 것이다.

한국의 빛나는 발전전략인 '경제개발5개년계획'을 1960년 초 한국 정부가 수립했듯이 공여국 대한민국의 새로운 발전전략도 우리 정부가 수립하길 바란다. 이를 통해 많은 개발도상국과 한국의 기업, 대학, 연구기관, 시민사회, 개발협력 종사자, 그리고 많은 국민들에게 발전을 위한 기회의 창을 열어 줄 것을 진심으로 제안한다.

미주

1 우리나라 정부 안에서는 대외원조라는 표현보다는 개발협력이라는 용어를 일반적으로 사용한다.

2 공식적 용어로는 '공적개발원조(Official Development Assistance)'라고 부른다. ODA라고 약칭해서 부르기도 한다.

3 우리말로는 '개발원조위원회'로 불린다. 개발원조위원회, 즉 DAC는 OECD에 소속되어 있으나, 안건의 의결에 있어서 여타 위원회들과는 달리 OECD Council(이사회)에 상정하는 것이 아니라 DAC의 안건 의결 메커니즘을 통해 독립적으로 의결한다. DAC 회의는 통상 거의 매주 열리며 DAC Chair(의장) 주재 하에 각 회원국 상주대표(DAC Delegate)의 참석으로 진행된다.

4 1970년대 농촌지역을 중심으로 한 청소년 대상 사회운동으로 머리(Head), 마음(Heart), 노동(Hands), 건강(Health)을 모토로 해서 확산되었다.

5 당시 경제기획원 장관은 정부조직법상 부총리 겸 경제기획원 장관으로서 정부 최선임 부처의 위상을 가지고 있었다.

6 해당 국가 인구의 평균연령이 20대에서 30대라면 산업화에 필요한 인력 공급이 원활하게 이루어질 수 있다.

7 1960년대부터 1980년대까지 평균연령이 점진적으로 상승하기는 하였지만, 경제발전이 급속히 이루어지던 30년의 기간 동안 한국의 평균연령은 줄곧 20대를 기록하였다. 여기에는 여러 이유가 있었지만, 높은 출산율이 가장 큰 원인이었던 것으로 보인다.

8 설립 당시 KIST의 한글 명칭은 '한국과학기술연구소'이다.

9 '중진국의 함정'이라는 말이 회자되는 이유는 개발도상국들이 선진국이 되기 위한 요건들을 종합적으로 갖추기가 매우 어렵기 때문이다. 한국이 '중진국의 함정'에 빠지지 않고 2010년대에 선진국으로 진입할 수 있었던 이유 중 하나는 여타 선발 개도국들과는 달리 세계적 경쟁력을 갖는 글로벌 기업들을 다수 보유했기 때문이다.

10 UNCTAD 회원국들은 지리적 기준과 사회경제적 기준을 기반으로 4개의 그룹으로 구분된다. 그룹 A(아시아·아프리카), 그룹 B(선진국), 그룹 C(중남미), 그룹 D(동구권)로 나뉜다. 그룹 B에는 유럽과 북미 선진국뿐만 아니라 아태지역 선진국인 일본·호주·뉴질랜드, 그리고 한국이 포함된다(KDI 경제교육·정보센터 홈페이지 참고).

11 의존성의 증가를 막기 위해서는 대외원조프로그램을 관리하는 과정에서 '대외원조 종결전략(Exit Strategy)'이 필요하다. 종결전략은 개개의 사업에 대한 원조 종결전략이 될 수도 있고, 분야별 종결전략일 수도 있고, 대외원조 지원을 완전히 중단하는 종결전략일 수도 있다. 종결전략은 해당 수원국과 공여국이 협의하여 계획을 수립해야 한다.

12 보건정책의 예를 들면 공여국이 해당 수원국의 전국적 보건 수요에 대한 진지한 고려 없이 자국의 예산 상황에 맞추어 일부 지역에만 보건소를 건립한다면, 지역 간 의료 불균형이 조장된다. 이와 함께 보건소의 장기적 운영 여부가 불투명해지는 현상 등이 발생할 수 있다.

13 대외원조로 진행되는 사업들과 해당 국가가 자체적으로 진행하는 사업들 간 사업주체, 재원투입방식, 적용기술, 대상수혜자의 범위 등에서 상호 연계성이 확보되지 않는 현상이 발생할 수 있다.

14 K-Developedia 홈페이지 'The ROK as an aid recipient country' 참고

15 최항순, 『발전행정론』, 서울: 신원문화사, 2006.

16 최항순 교수의 『발전행정론』(서울: 신원문화사)을 참고하였다.

17 오선실, "한국 전기기술자 집단의 형성과 1950년대 전원개발계획의 재구성 – 식민지의 유산과 미국의 대외경제원조 정책 사이에서", 성신인문과학연구 45집, 성신여자대학교 인문과학연구소

18 경부고속도로는 대외원조를 받아 시공한 사업이 아니라, 한국의 자체 재원과 기술로 계획하고 완공한 사업이다.

19 소양강댐은 대일청구권자금을 도입하여 비용을 충당하고 시공은 현대건설이, 설계용역은 일본기업인 일본공영이 맡았다. (강원도민일보, 2004년 10월 25일자 기사 "[소양강댐]② 탄생")

20 남남협력(South-South Cooperation)이란, 개발도상국들 간의 협력을 의미한다. '남남협력(South-South Cooperation)'은 두 개 이상의 개발도상국이 지식, 기술, 재원 등을 교환하거나 지역협력을 추진하여 공동의 역량개발을 추구하는 협력 형태이다. (국토연구원 홈페이지 참조)

21 최항순, 『발전행정론』, 서울: 신원문화사, 2006.

22 KDI, 「Overview of Official Foreign Assistance 1950-60」, KDI Homepage

23 KOICA ODA 교육원에서 발간한 『국제개발협력 입문편』 "도약단계 외자도입"을 참고하였다.

24 2010년 1월 DAC의 정식 회원국이 되기 전까지 우리나라는 DAC 참관국 자격으로 회의에 참석했으나 의결권은 갖질 않았다.

25 연합뉴스, "(DAC가입 1년) ODA의 성과와 과제", (2010.11.24.)

26 DAC Delegate라고 불리며 DAC주관 모든 회의(Committee Meeting, Working Group Meeting 등)에서 소속된 회원국을 대표하여 발언하고 의결에 참여한다.

27 2011년 OECD의 주도 하에 부산에서 원조효과성 강화를 위한 '부산세계개발원조총회(Busan High Level Forum on Aid Effectiveness)'가 개최되

었다.

28 KOICA ODA 교육원에서 발간한「국제개발협력 입문편」, "ODA 형태별 지원"을 참고하였다.

29 KOICA ODA 교육원에서 발간한「국제개발협력 입문편」을 참고하였다.

30 KOICA ODA 교육원에서 발간한「국제개발협력 입문편」을 참고하였다.

31 국무조정실「ODA Korea」홈페이지에서 '한미원조협정체결'을 참고하였다.

32 1948년부터 1953년까지 유럽 전역을 대상으로 시행된 마셜 플랜의 규모가 당시 미화 기준 약 130억 달러라는 것과 비교하면, 100억 달러가 넘는 대(對) 한국 지원액이 얼마나 큰 규모인지 짐작할 수 있다.

33 이계우, "Overview of official foreign assistance: 1950−1960" in Development overview, KDI school website

34 최항순, 『발전행정론』, 서울: 신원문화사박영사, 2006.

35 위의 책 참고

36 1960~1970년대 식량부족으로 곤란을 겪었던 한국은 미국의 식량 지원과 농업기술 이전에 많은 혜택을 입었다. 특히 미국의 기술을 이전받아 개발한 품종인 '통일벼'는 한국의 식량 자립 기반을 구축하는 데 많은 기여를 했다.

37 일부 개발도상국의 경우, 영향력 있는 개인이나 집단이 사건의 재판관할을 임의로 변경하거나 재판관을 교체하는 등 영향력을 행사하는 문제가 발생하기도 하는데 이는 '법의 지배'와 '사유재산권 보호'라는 법치주의의 근간을 훼손할 수 있다.

38 정부 관료 조직이 그 사회의 다양한 인구 집단을 대변하고 반영해야 한다는 이론.

39 전자신문의 "정보통신부가 있었기에 글로벌 ICT 강국도 가능"(2015.11.22.)

기사를 참고하였다.

40 김은환, 『위대한 카피캣 대한민국』(서울: 지식의 날개)을 참고하였다.

41 최항순, 『발전행정론』을 참고하였다.

42 우리나라의 경우, 이를 중점협력국으로 부르기도 한다.

43 오선실, "한국 전기기술자 집단의 형성과 1950년대 전원개발계획의 재구성 – 식민지의 유산과 미국의 대외경제원조 정책 사이에서", 성신인문과학연구 45집, 성신여자대학교 인문과학연구소

44 최항순, 『발전행정론』을 참고하였다.

45 매일경제 2019년 6월 7일자 기사 "우리는 생각보다 강하다… 데이터로 증명한 '한강의 기적'"을 참고하였다.

46 김정수 교수의 『정책학 입문』(서울: 문우사) 2024년 판에 기술된 '제3절 정책 종결 · 수정의 어려움'을 인용 · 참고하였다.

47 김정수 교수의 『정책학 입문』(서울: 문우사) 2024년 판에 기술된 '수혜자의 저항'을 참고하였다.

48 국가기록원, "한국과 유엔 – 전쟁복구와 경제원조".

49 나무위키 '중진국의 함정'을 참고하였다.

50 세계은행(World Bank)이 정한 2022년 고소득국가 기준은 13,846달러 이상이다.

51 김은환 박사의 위의 책 146쪽부터 153쪽에 있는 '디지털 전환 – 기회의 창'을 참고하였다.

52 김은환의 위의 책 111쪽부터 121쪽을 참고, 인용하였다.

53 최항순 교수는 『발전행정론』(서울: 신원문화사)에서 수차례에 걸친 경제개발5개년계획의 주요 목표로 자립경제 달성을 들고 있다.

54 최항순 교수의 앞의 책을 참고하였다.

55 김은환 박사의 『위대한 카피캣 대한민국』(서울: 지식의날개)을 참고하였다.

56 KTV국민방송, "에볼라 선발대 귀국… 조만간 본대 규모·일정 결정", (2014.11.25.)

57 아프리카 연합(Africa Union) 회원국으로 구성된 AMISOM(African Union Mission in Somalia)이 소말리아에 파병되어 소말리아 무장 조직 알샤바브 (Al-Shabaab)와 교전하였다.

58 보통 과테말라, 엘살바도르, 온두라스를 말한다.

59 남지민, "중미 치안 불안정 원인과 개선방안," 외교부 라틴아메리카협력 센터

60 대한민국 정책브리핑 홈페이지, '원조를 받는 나라에서 하는 나라로', (2009.11.23.)

61 최항순, 『발전행정론』(서울: 신원문화사)의 '경제기획원' 관련 부분을 참고하였다.

62 최항순 교수가 『발전행정론』에서 기관형성론의 대두 과정을 설명하면서 미국 피츠버그대학교의 '기관형성에 관한 합동연구사업'을 소개한 부분을 참고하였다.

63 최항순 교수의 『발전행정론』을 참고하였다.

64 KIST 관련 내용은 행정안전부 국가기록원 홈페이지 '기록으로 만나는 대한민국, 국가경쟁력의 핵심은 과학기술, 한국과학기술연구소' 부분을 참고, 인용하였다.

65 KIST의 현재 명칭은 '한국과학기술연구원'이지만 설립 당시 명칭은 '한국과학기술연구소'였다. 초대 소장으로 최형섭 박사가 임명되었다.

66 외교관이 국가의 명을 받고 주재하여 근무하고 있는 나라를 뜻한다.

67 최항순 교수의 『발전행정론』(서울: 신원문화사) '제4절 발전기획의 실제'를 참고하였다.

68 제2차 경제개발계획 관련 내용은 국사편찬위원회의 "우리역사넷"과 최항순 교수의 앞의 책을 참고하였다.

69 국사편찬위원회, "우리역사넷"을 인용 및 참고하였다.

70 최항순 교수의 『발전행정론』에 인용된 Caiden과 Wildavski의 연구를 재인용하였다.

71 최항순 교수의 『발전행정론』 인용, 참고하였다.

72 국가기록원 홈페이지, "기록으로 만나는 대한민국" 중에서 '꿈과 도전과 번영의 실크로드, 경부고속도로'를 참고하였다.

73 동아일보의 "포항제철 첫 삽 뜨고 경부고속도로 뚫리다"(2013.5.9.) 기사를 참고하였다.

74 국립기록원 홈페이지의 '기록으로 만나는 대한민국, 포항제철'을 참고하였다.

75 이연호, "차관사업 사전신고제," 행정안전부 국가기록원 홈페이지

76 4차 계획부터 7차 계획은 '경제사회개발5개년계획'으로 명칭이 변경됨.

77 한국은 1988년 아시아개발은행(ADB) 차관 공여대상에서 제외되었고, 1995년 세계은행의 차관공여대상국에서도 제외되어 차관 도입 시대를 마감하였다. (이연호 교수의 위의 글 참고, 인용)

78 최항순 교수의 앞의 책을 참고하였다.

79 일방적이고 무조건적인 반대가 아니라 정책우선순위가 타사업에 비해 높지 않다거나 당시 한국의 경제력에 비해 지나치게 큰 사업이라는 상당히 합리적인 이유를 제시한 반대 입장 표시였다는 평가도 있다.

80 오선실, "한국 전기기술자 집단의 형성과 1950년대 전원개발계획의 재구

성 – 식민지의 유산과 미국의 대외경제원조 정책 사이에서"(성신인문과학연구 45집, 성신여자대학교 인문과학연구소)를 참고·인용하였다.

81 'European Parliament Think Tank' 홈페이지 내용을 참조했다.

82 회원국들의 국제개발기구들에 대한 기여는 의무적 분담금(Core Contribution)과 자발적 기여금(Voluntary Contribution)으로 구분되고, 이러한 기여는 (공여국인 경우) DAC가 정한 기준에 따라 각 공여국의 ODA로 계상된다.

83 OECD 홈페이지 "Official Development Assistance(ODA) 2023 final figures"(2025.1.16.)를 인용·참조하였다.

84 동아일보의 "한국 기업史 명장면 10 – 정주영 회장, 500원 지폐 '거북선' 보여주며 차관 유치"(2015.9.17.) 기사를 참고하였다.

85 자원이 없고 사회기반시설이 파괴되고 기술이 부족하다는 물리적 측면을 강조한 말이다. 한국은 수천 년에 걸친 찬란한 문화적 유산과 지식의 축적을 이룬 나라로 발전잠재력 측면에서는 다른 평가가 있을 수 있다.